杭州市哲学社会科学规划课题（Z19JC093）成果

融通中西 · 翻译研究论丛

"浙江越秀外国语学院出版基金"资助出版

# 中国古代典籍日译研究：
## 以《说文解字叙》的"深度翻译"为例

芦晓博　杨晓波　著

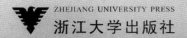

ZHEJIANG UNIVERSITY PRESS
浙江大学出版社

# 前　言

　　汉字是一种柔性的、可塑性很强的文字,几千年来抵挡住了各种冲击,满足了各个时代发展的需要。它经历了秦始皇的"书同文"、汉代的"隶变"、现代的简化,又成功输入了电脑,但它在当今仍然遭遇了新的危机。在信息化时代,我们与汉字打交道的方式变成了面对电脑或手机屏幕敲击或移动指尖,而一旦提笔,似乎对汉字就变得陌生了。诚然,时代在变。如今,讽籀书与善书法不再是加官晋爵的必要条件,而加官晋爵也不再是知识分子的唯一出路。虽然忙于事务的现代人不得不学习传统知识以外的更多知识才能在社会立足,但是我们没有理由坦然面对接受了比古人更多的教育,而识字与写字的能力反而退化了的窘境。汉字几千年来承载并延续着中华文明,它熔铸了中国人对宇宙与人生的看法,而我们往往对其"日用而不知"。因此,受现代教育者虽未必个个书法精湛,小学精通,但确有必要对汉字的起源、构造、演变等方面的知识有基本的了解,并认识到汉字的独特与伟大,从而获得一种文化上的自豪感与归属感。

　　汉字源于中国,书法是汉字特有的艺术,因此,汉字与书法文化的译介是"讲好中国故事"的重要部分。日本是当今世界"汉字文化圈"的主要国家之一,它不但沿用了大量汉字,还继承了基于汉字的书法文化(称为"書道")。因此,汉字与书法文化的日译实践与研究对加强中日文化交流具有积极的意义。中国典籍东传日本的历史较之西渐更为悠久,译介成果也更多,重要典籍都已由精通汉学的日本学者译介到了日本。然而,中国典籍日译的理论与实践方面的研究却较少。本书以中国文字学的开山之作——东汉许慎的《说文解字叙》为例,探讨了中国典籍日译的方法与策略,并将该文本进行了"深度翻译"。全书分上、下两篇。上篇为中国典籍日译的理论探析。第一章探讨了中国典籍的可译性与不可译性这一经典话题,以维特根斯坦《逻辑哲学论》的思想为依据,论证了翻译的可译性,并揭示了这部哲学名著为翻译学带来的启示;第二章从中日语言的特点谈起,探讨了日本的"国字"构形与汉字"六书"造字法的联系,以及"和制汉语"这一特殊的"翻译"现象。下篇为《说文解字叙》的日译实践。第三章是《说文解字叙》以及现有日译本的概述;第四章提出了《说文解字叙》的"深度翻译"模式,为后文的"深度翻译"实践提供了指导;第五章提出了典籍术语日译的新方法——"训译",并以《说文解字叙》中"六书"名目的翻译为例,证明了"训译"在术语翻译中的有效性;第六章为《说文解字叙》的"深度翻译"实践,包括对该文本的解说、注释(中、日文)与翻译(翻译为日语与现代汉语);第七章分享了本书的理论研究与翻译实践在我教授的日语 MTI 课程"中日语言对比"中的应用,以及该成果对日语翻译硕士专业学位(MTI)教育的启示。本书附录提供了重要术语汇总(中、日、英对照)与《说文解字叙》的原文及英译,并附上《中国书法发生论刍议》与《释〈续书谱〉中的"八法"》两篇文章供读者参阅。书中所有图片均为笔者亲自拍摄,大部分为 2019 年 10 月在河南、陕西调研时,于中国文字博物馆、殷墟宫殿宗庙遗址、西安碑林等地拍摄。

本书的构想最初是由合作者杨晓波老师提出的,但他由于忙于其他研究而无暇完成此项工作。在我动笔前,他已完成了《说文解字叙》的中文概说、注释、今译、解说以及英译,其余部分均由我独立完成。由于杨老师的研究开始得早,积累比我深,因此我在写作过程中时常向他请教。

本书的部分章节曾作为阶段性成果发表于多种刊物,收入本书时均有不同程度的修订。这些成果得益于我与杨老师的学术探讨,大部分是他提供的选题,而文章则均由我执笔完成,他审阅后提出了不少建设性意见。书中第一章第二节曾以《论维特根斯坦〈逻辑哲学论〉中的翻译思想》为题发表(载《英语教师》2018 年第 3 期,作者:芦晓博),第二章第一节曾以《日本国字构形与汉字"六书"辨异》为题发表(载《现代语文》2019年第4期,作者:芦晓博、杨晓波),第二章第二节曾以《"和制汉语"翻译的理据分析》为题发表(载《浙江万里学院学报》2018年第2期,作者:芦晓博),第四章曾以《中国典籍的"深度翻译"模式探究——以〈说文解字叙〉为例》为题发表(载《英语广场》2019年第11期,作者:芦晓博、杨晓波),第五章曾以《论中国典籍术语的日语训译——以"六书"名目的翻译为例》为题发表(载《浙江理工大学学报(社会科学版)》2019年第6期,作者:芦晓博、杨晓波),第七章曾以《基于〈说文解字叙〉释、译的MTI"中日语言对比"课程探索》为题发表(载《教育现代化》2019年第87期,作者:芦晓博、杨晓波),附录中的《说文解字叙》英译曾发表于傅君恺(Carl Fordham)博士主编的网络期刊《温墨》2020年第1期(该期刊编辑提出了不少修改意见)。此外,为加深读者对汉字书法艺术的了解,我们在附录中收录了两篇相关论文:《中国书法发生论刍议》(载《浙江树人大学学报(人文社会科学版)》2017年第4期,作者:芦晓博、杨晓波)、《释〈续书谱〉中的"八法"》(载《中国书法》2018年第24期,作者:芦晓博、杨晓波)。在此,谨向曾对上述文章提出过宝贵意见的专家及编辑表示由衷的感谢! 同时,也要感谢为本书中的日译提出过宝贵意见的日语资深外教西川昌芳老师。当然,因我们学识有限,书中对《说文解字叙》的阐释、翻译及翻译研究定会存在这样那样的问题,祈方家不吝赐教!

本书系2019年杭州市哲学社会科学规划课题"《说文解字叙》的日译研究与实践"(编号:Z19JC093)的结题成果。本书的出版得到了浙江越秀外国语学院出版基金的资助,以及浙江越秀外国语学院东方语言学院的大力帮助,特此致谢!

芦晓博

2020年春于杭州

# 目　录

# 图 目 录

# 表目录

# 上篇

## 中国典籍日译的理论探析

# 第一章

# 中国典籍的可译性与不可译性

中国典籍数量繁多,涵盖文化、科技等各个领域,蕴含了中国文化的精髓和核心价值观。21世纪初,随着我国综合国力的持续增强和全球一体化进程的不断加快,越来越多的国家希望了解这个东方古国的传统文化,而我国也希望与世界各国进行文化沟通,树立文化自信。可以说,中国典籍翻译对向世界展示中华文明的独特魅力,提升我国文化软实力具有重要意义,是实施中华文化"走出去"战略的主要途径。

中国典籍翻译始于16世纪末,西班牙传教士胡安·科沃(中文名:高母羡)将明朝范立本辑录的儿童启蒙通俗读物《明心宝鉴》译成西班牙文。直到18世纪,来华传教士将我国大量的典籍译成外文传播到世界各国,掀起了典籍外译的第一次高潮。近代,以我国学者为翻译主体的典籍翻译活动逐渐展开,如辜鸿铭于19世纪末20世纪初翻译《论语》《大学》《中庸》等、林语堂于20世纪30年代编译《浮生六记》《孔子的智慧》《老子的智慧》等。改革开放后,中国典籍翻译出现了第二次高潮。其中最具代表性的是1981年由杨宪益倡议出版的"熊猫丛书"①与1995年正式立项的"大中华文库"②。"大中华文库"是原

---

① 当时英国出版发行的"企鹅丛书"在各地畅销,出版社纷纷效仿出版以P字母开头的丛书,"熊猫"同样以字母P开头,因此取名"熊猫丛书"。自1981年出版以来,"熊猫丛书"发行到150多个国家和地区,主要是将中国的优秀作品译成英语、法语,也有少量的德语和日语。

② "大中华文库"是我国首次以中外文(包括英、法、俄、西、阿、德、日、韩等语种)对照的形式,系统、全面地向世界推广中国典籍、弘扬传统中华文化的重大出版工程。其中涵盖了历代文学、历史、哲学、军事、科技等领域的代表性典籍。截至2018年,已出版170多部作品,先后有30多家出版单位参与其中。

新闻出版署立项的国家图书出版规划重大工程,汇集了我国翻译学界高水平的译者。此外,湖南出版社出版的"汉英对照中国古典名著丛书"、外语教学与研究出版社的"大师经典文库"、外文出版社的"汉英经典文库"等系列典籍翻译作品亦相继问世。

近年来,中国典籍翻译尽管在数量上和规模上都有了显著的提升,但学界对其所起到的传播中国传统文化的作用纷纷提出了质疑。汪榕培在第三届全国英译研讨会上指出,目前从事典籍英译的队伍数量和作品质量远远不能满足需要;①从传播途径来看,目前国内典籍翻译的出版发行多数限于国内,难以走出国门,有些译作甚至成了"出口转内销"的产品;②谢天振在《中国文学走出去:问题与实质》一文中指出,"熊猫丛书"与"大中华文库"并未获得预期的效果,尚未真正将中国文化"传出去"。③对此,已有学者进行了反思,如王宏印指出,典籍翻译尚存在三个问题:(1)偏重儒家典籍翻译;(2)偏重先秦典籍翻译;(3)偏重汉民族和汉语文化典籍翻译,以及局限于诗歌和小说等文学艺术的典籍翻译,而对艺术理论翻译的关注还不够,如书法理论、戏剧理论、绘画理论等。④此外,近年来典籍翻译的理论研究多集中于翻译标准、语言分析等"老问题"上,"这是典籍翻译理论研究极为缺乏的一个状态"⑤。

近年来,我国的典籍翻译虽然成果斐然,但尚存在翻译文本的选题不够均衡,翻译理论研究缺乏宏观的理论指导等问题。因此,我们不仅要关注翻译的语言表达,以及翻译策略等具体的翻译实践问题,更应回答中国典籍究竟能否翻译这一基本问题。

---

① 汪榕培:《为中国典籍英译呐喊——在第三届全国典籍英译研讨会上的发言》,载《中国外语》2006年第1期,第66页。

② 王宏印编著:《中国文化典籍英译》,外语教学与研究出版社2009年版,第6页。

③ 谢天振:《中国文学走出去:问题与实质》,载《中国比较文学》2014年第1期,第1—10页。

④ 王宏印:《典籍翻译,任重道远——关于中国文化典籍翻译的问题与思考》,载《中国英汉语比较研究会第十次全国学术研讨会暨2012英汉语比较与翻译研究国际学术研讨会论文集》,上海外语教育出版社2014年版,第282—283页。

⑤ 王宏印:《典籍翻译,任重道远——关于中国文化典籍翻译的问题与思考》,载《中国英汉语比较研究会第十次全国学术研讨会暨2012英汉语比较与翻译研究国际学术研讨会论文集》,上海外语教育出版社2014年版,第292页。

# 第一节　可译，还是不可译

　　"可译性"与"不可译性"一直是从事翻译研究的学者们争论的焦点，也是翻译学的基本问题。方梦之主编的《中国译学大辞典》中，"可译性（translatability）"词条的释义为："与'不可译'相对，指两种不同的语言、文字之间，通过翻译，可以将源语文本或单位用另外一种语言表达出来，实现使用两种不同语言的人群对同一个事物的理解。"①我国学者贺麟在《论翻译》一文中从哲学的角度阐释了可译性论："今翻译的本质，即是用不同的语言文字，以表达同一的真理，故翻译是可能的。"②金岳霖在《知识论》中也有类似的表述："所思都是普遍的。普遍的意念无分于特殊的时空，当然也无分于不同的语言文字或引用不同语言文字的人。"③唐述宗从统计学角度指出："如果采用统计学的方法统计一下，我们就会发现我们在翻译实践中遇到的不可译现象在百分之一甚至千分之一以下。而从概率论的角度，百分之九十九这个数字已足以得出'语言是可译的'这个结论。"④左飚以中国特有的"龙"的翻译为例，尝试挑战学界根深蒂固的"文化不可译论"。⑤可译性论的理论基础在于我们生存的客观世界是同一的，人们认识客观世界的思维和认知方式具有普遍性，而不同的语言是人们认识这同一客观世界的思维的表达，因此在翻译过程中，两种不同语言间的转换是可以实现对同一世界或思想的表达的。

　　然而，我们在大量的翻译实践中，无论在语言方面还是文化方面都切身感受到了翻译的种种困难，与可译性相比，学界似乎更加关注不可译性中的种种因素。在《中国译学大辞典》中，"不可译性（untranslatability）"词条的释义为："与'可译性'相对，指译文不可能准确、完整地再现原文。卡特福德（Catford）在 *A Linguistic Theory of Translation* 中将不可译性分为语言不可译性和文化不可译性。语言不可译性是指在语言形式方面，目的语与源语文本

---

① 方梦之主编：《中国译学大辞典》，上海外语教育出版社2011年版，第1页。
② 贺麟：《论翻译》，选自《翻译研究论文集（1894—1948）》，外语教学与研究出版社1984年版，第128页。
③ 金岳霖：《知识论》，中国人民大学出版社2010年版，第594页。
④ 唐述宗：《是不可译论还是不可知论》，载《中国翻译》2002年第1期，第57页。
⑤ 左飚：《论文化的可译性》，载《上海科技翻译》1999年第2期，第1—6页。

无法对应；文化不可译性指由于文化差异造成的不可译性。"①意大利谚语所谓的"翻译者即叛逆者（traduttore traditore）"可谓不可译论的先声。意大利诗人但丁首次提出文学作品的不可译性，他认为，任何富有音韵和谐的作品都不可能译成另一种语言而不破坏其原有的全部优美与和谐。西班牙的塞万提斯在《堂·吉诃德》中借主人公之口将翻译比作从反面观赏佛拉芒毯，其图案轮廓固然可见，但正面清晰、平整、斑斓的色彩则全然不见。法国的伏尔泰曾认为，翻译增加一部作品的错误并损害它的光彩。法国的狄德罗指出，各种语言结构上的差异使翻译原则上不可能，因为某种语言独有的境界本身即语言的精髓总是要失掉的。德国的洪堡特认为，任何翻译毫无疑问都是试图完成无法完成的任务，因为每个译者必然要撞到两个暗礁中的一个而碰得头破血流，或者过分恪守原作而损害本国人民的审美习惯和语言，或者过于照顾本国人民的特点而损害了原作，要找出某种折中的办法不仅困难重重，而且简直是不可能。德国的施莱格尔将翻译比作一场拼死拼活的决斗，最后遭到失败的若不是译者，就一定是原作者。②美国学者萨丕尔及其学生沃尔夫提出的"萨丕尔-沃尔夫假设"，即：在不同文化下，不同语言所具有的结构、意义和使用等方面的差异，在很大程度上影响了使用者的思维方式。其中包含语言决定论和语言相对论这两个相互关联的原则。前者强调语言决定思维，后者强调操不同语言的人，以不同的方式感知、思考和认识世界。可以说，"萨丕尔-沃尔夫假设"为"不可译性"提供了强大的语言学支撑。③持不可译论的我国学者主要从汉语语言的独特性出发，认为中外语言乃至各个文化间存在较大差异，从而导致翻译的不可能。如杨衍松在《古老的悖论：可译与不可译》中指出，汉外互译中，由于缺乏内涵和外延的等值关系，汉外文字之间无法实现内容与形式在字面与功能上相互转换的情况比比皆是。汉语因其特有的图像性、会意性和联想性等，在翻译过程中难以得到传达，甚至根本不可译，如对联、析字、藏头诗、绕口令、歇后语、成语等，以及律诗中的平仄、对仗等。④王宾以李白的《静夜思》为例展示了语言结构转换的不可能性从而论

① 方梦之主编：《中国译学大辞典》，上海外语教育出版社2011年版，第2页。
② 参见：杨衍松：《古老的悖论：可译与不可译》，载《外语与外语教学》2000年第9期，第51页。
③ 参见：王宾：《"不可译性"面面观》，载《现代哲学》2004年第1期，第83页。
④ 杨衍松：《古老的悖论：可译与不可译》，载《外语与外语教学》2000年第9期，第53页。

证了不可译性。①

与上述主张可译性与不可译性的绝对对立的翻译观相比,更多的学者主张可译性与不可译性的相对关系,即"可译性限度"(limit of translatability)。正如卡特福德所说:"可译性的确似乎是一个连续体(cline)而不是一个明确的二分体(dichotomy)。源语文本和单位**或多或少**是可译的,而不是**绝对可译的**(translatable)或**不可译的**(untranslatable)。"②国内学者如刘传珠、唐述宗、田庆芳、蔡龙全等也持有同样的观点。③目前翻译学界普遍认同翻译的相对可译性,相关研究与前两者相比视角更为多样,内容更加丰富,在此我们不加赘述。

综上所述,关于可译性问题,绝对不可译论者多于绝对可译论者,而学界普遍认同可译性存在一定的相对性。我们认为,尽管在各种文本的翻译实践中或多或少存在语言或文化的不可译性,但面对如今信息时代背景下人们交流需求激增的现状,翻译研究的导向应注重其可译性,我们不仅要聚焦翻译方法与策略的研究,以及从事大量的翻译实践,更应从宏观的视角出发,以翻译的核心为前提,为可译性寻求更加可靠的理据。

语言是翻译活动得以成立的条件,探讨可译性与不可译性的实质是探讨语言的可说与不可说的问题。谈起语言的可说与不可说,便绕不开20世纪西方颇具影响力的哲学家之一——奥地利的路德维希·约瑟夫·约翰·维特根斯坦(Ludwig Josef Johann Wittgenstein,1889—1951年)。维特根斯坦的思想被学界通常划分为"前期"和"后期"两个时期。两个时期的代表作《逻辑哲学论》与《哲学研究》提供了两套并不相容的语言观,更确切地说,是通过语言观察世界的不同方法。相比于前期思想,其后期思想在语言学,尤其在语用学领域影响较大。因翻译学的一部分归属于语言学,故不少翻译研究以维特根斯坦后期思想为视角来探讨翻译,而以维特根斯坦前期思想为视角的翻译研究则较为罕见。事实上,《逻辑哲学论》中有多处谈及翻译的段落,这些段落

---

① 王宾:《论不可译性——理论反思与个案分析》,载《中国翻译》2001年第3期,第8—16页。
② 卡特福德:《翻译的语言学理论》,穆雷译,旅游教育出版社1991年版,第108页。
③ 参见:刘传珠:《可译性问题的语言功能观》,载《中国翻译》2000年第1期,第31—34页;唐述宗:《是不可译论还是不可知论》,载《中国翻译》2002年第1期,第54—57页;田庆芳:《语言的不可译性与文化的不可译性比较》,载《上海翻译》2007年第2期,第47—51页;蔡龙权:《在可能与不可能之间——关于可译性与不可译性道德思考》,载《上海师范大学学报(哲学社会科学版)》2008年第5期,第116—125页。

聚焦于一个问题,即"翻译何以可能"。该书提出的"图像论""意义指称论""理想语言"等一系列思想均阐释了可译性问题,这对于翻译研究有很大的启示。我们将在下一节详细讨论这一论题。

## 第二节　维特根斯坦《逻辑哲学论》中的可译性启示

维特根斯坦在其前期代表作《逻辑哲学论》(1921年)中提出,"一切哲学都是'语言批判'"[①]。他所谓的"语言批判"即用语言分析消解形而上学命题,这一思想将哲学的"语言转向"推向了顶峰。他在《逻辑哲学论》序言中提到:"这本书旨在划出思维的界限,或者更准确地说——不是划出思维的界限,而是划出思想的表达的界限……这个界限只能在语言之中划出来。"[②]《逻辑哲学论》设想语言与世界(事实或经验世界)同构,语言是命题的总和,基本命题与构成事实的原子事实之间存在描画形式,基本命题中的名称与原子事实中的对象必须一一对应。而对于世界上不存在的对象,语言是无法描述的,因此形而上学的命题也就被消解了,这就是维特根斯坦意谓的"语言批判"。前期维特根斯坦设想了一种理想语言,来避免日常语言在应用中的混乱。

值得注意的是,在这部语言哲学的经典著作中,维特根斯坦曾多处提到翻译。翻译的本质是两种语言之间的转换,语言与思维的共性为翻译的可行性提供了哲学依据。20世纪发生的哲学的"语言转向"与翻译在"文化转向"之后的"哲学转向"[③]有着密不可分的联系。《逻辑哲学论》中的图像论、意义指称论,以及维特根斯坦所构想的理想语言,都为翻译的可译性提供了哲学依据。

众所周知,维特根斯坦的思想分为前期和后期,后期维特根斯坦主要考察日常语言的使用,对意义进行动态的分析。其前后期语言观的转变使我们不得不对翻译的标准进行重新审视。而学界谈及维特根斯坦的语言哲学对翻译的启示多将目光集中于其后期的思想,如盖晓兰、曾杰、刘政仙和黄焰

---

[①] 维特根斯坦:《逻辑哲学论》,韩林合译,商务印书馆2017年版,第31页。
[②] 维特根斯坦:《逻辑哲学论》,韩林合译,商务印书馆2017年版,序言页。
[③] 西方哲学家如伽达默尔、德里达、蒯因等知名哲学家都对翻译问题发表了大量深刻的见解。

结、苏畅①等,而其前期思想对翻译的影响却鲜有人关注。本节着眼于《逻辑哲学论》中提及"翻译"的三个命题,分析维特根斯坦前期思想对可译性的启示,并探析其中关于理想翻译的哲学依据。

## 一、《逻辑哲学论》中的翻译思想

### (一)翻译何以可能

《逻辑哲学论》中提出的图像论为翻译的可能性提供了哲学依据。拥有不同语言的人类,自古就有了交流和沟通的需求,可以说翻译在人类交流中一直存在,因此,翻译的可能性是必然的。"图像论的基本构想是:语言与世界对应。"②维特根斯坦认为,"命题是实际的图像"③,因此,语言(命题)可以描画世界(事实或经验世界)。人类拥有不同的语言,不同的语言所描画的经验世界是同一的,因此同一对象可用不同语言表达,维特根斯坦称这一表达规则为"定义"。《逻辑哲学论》中的如下命题明确提出了关于"定义"在翻译中的作用。

> 定义是一个语言到另一个语言的翻译规则。每一个正确的符号语言都必须可以按照这样的规则翻译为另一个正确的符号语言:这就是它们都共同具有的东西。④

"正确的符号语言"指具有反映事实或与事实的逻辑相符的语言,即有意义的符号语言。由此,一个语言到另一个语言的翻译规则是意义的对等。如英语中cat这一符号,它指经验世界中猫这种动物,是一个有意义的符号语言;另一方面,在中国也有猫这种动物,汉语中的符号语言是"猫"一词,因两个词指代的对象意义相同,即定义相同,所以英语的cat可译为汉语的"猫"。

---

① 参见:盖晓兰:《后期维特根斯坦意义观在翻译中的运用》,载《外语学刊》2009年第6期,第150—153页;曾杰:《可译性之哲学依据——从维特根斯坦语言哲学观谈起》,载《四川教育学院学报》2010年第5期,第94—96页;刘政仙、黄焰结:《维特根斯坦语言哲学中的翻译视角》,载《山西大同大学学报(社会科学版)》2012年第1期,第99—102页;苏畅:《语言游戏思想关照下的翻译研究》,载《外语学刊》2013年第6期,第76—79页。
② 陈嘉映:《语言哲学》,北京大学出版社2003年版,第143页。
③ 维特根斯坦:《逻辑哲学论》,韩林合译,商务印书馆2017年版,第31页。
④ 维特根斯坦:《逻辑哲学论》,韩林合译,商务印书馆2017年版,第28页。

为了说明翻译规则的存在,维特根斯坦还提出了如下两个命题:

存在着这样一条普遍的规则,借助于它音乐家能从总谱中取出交响乐,人们能从唱片上的纹道中推导出交响乐,还是借助于它人们可以从唱片的纹道中又将那个总谱推导出来。这些表面上看来如此完全不同的构成物之间的内在相似性恰恰就存在于此。这条规则是将交响乐投影到乐谱语言中的投影规律。它是一条从乐谱语言到唱片语言的翻译规则。[①]

在不知道两个名称表示的是相同的物抑或是不同的物的情况下我们能理解它们吗?——如果一个命题包含有两个名称,那么在不知道它们所指称的是同一个东西抑或是不同的东西的情况下我们能理解它吗?

比如,假定我知道一个英语词的所指和一个具有相同所指的德语词的所指,那么我不可能不知道二者是具有相同的所指的;我不可能不会将它们互相翻译。

"a=a"形式的表达式,或者由它们推导而来的表达式,既不是基本命题,也不是其他有意义的符号。(稍后这点将变得明显起来。)[②]

第一个命题中,无论是总谱、唱片的纹道或是交响乐,虽然形式各异,但它们都共有一条普遍的原则(即交响乐投影到乐谱的投影规律),该原则不依赖于乐谱语言或是唱片语言的表达方式而存在于现实世界中,依据这条普遍的原则,乐谱的翻译才能得以实现。对于第二个命题中提出的问题,我们的回答是:在不知道两个名称表示的是同一个东西或是不同东西的情况下,我们是无法理解这两个名称的,我们也无法确定这两个名称是否可以互译;同样,在同一个命题下当我们不知道它们所指称的是同一个东西或是不同东西的情况下,我们也无法理解这两个名称。只有我们知道这两个名称(如英语或德语名称)的所指相同,我们才能将其互译。

"a=a"的表达式或由其推导出的表达式,之所以说它们"既不是基本命题,也不是其他有意义的符号",是因为它们并没有与经验世界对应的对象,

① 维特根斯坦:《逻辑哲学论》,韩林合译,商务印书馆2017年版,第32页。
② 维特根斯坦:《逻辑哲学论》,韩林合译,商务印书馆2017年版,第50—51页。

即没有所指，因此它们只是无意义的名称。

　　从以上命题中我们可以看出，无论是"定义"还是"内在相似性"，都是维特根斯坦语言哲学的意义观的体现。基于图像论，"前期维特根斯坦把语言和世界的逻辑同构关系作为意义生成机制"，"'图像论'意义观的内核就是以语言工具论为基础的意义指称论"。①前期维特根斯坦在继承了弗雷格和罗素的意义指称论后进一步提出，"一个命题符号是一个事实"②，"只有事实才能表达一个意义"③。由此可知，维特根斯坦认为，意义的基本单位是原子命题，而不仅仅是前人提出的单纯的名称和对象的指称关系。"名称在命题中代表对象"④，即名称在命题所提供的语境中才有意义，才能与对象一一对应（此处与后期维特根斯坦"语言即使用"的意义观相契合）。"名称若无指称，则包含此名称的命题无意义（unsinnig）。"⑤因此在第二个命题中，当我们不知道两个名称在一个命题中的所指时，这两个名称只是无意义的符号，因为"名称的意义就是其指称"⑥，所以我们并不能理解它们，更不知道它们是否可以互译。同理，当"a＝a"的表达式在无任何指称的情况下，包含这个表达式的命题则无意义。

　　联系到翻译，意义是原文所表述的对象、思想、感受或意境等，译者将其理解的意义在译文中重建，意义（或定义）的同一是原文与译文可相互转换的前提，是使翻译成为可能的基本条件。前期维特根斯坦的图像论和意义指称论的前提是语言与世界同构，他追求的是能够反映世界本质结构的理想化的、精确的语言。而日常语言与世界的关系并非静态的、一一对应的，它们是动态的、鲜活。翻译中的语言尤其如此，特别是文学作品中存在着大量非事实的词语，如"金山""飞象"等，按照前期维特根斯坦的观点，这些词在经验世界中不存在与其相应的对象，是无意义的，也是不可译的。但实际翻译中这些词不仅是可译的，而且是形象生动的。由此我们可以看出前期维特根斯坦的图像论和意义指称论的缺陷，这也是他在后期首先意识到的问题。但这

① 谢萌：《"图像论"意义观的本体论解读——维特根斯坦意义理论拓展性研究之一》，载《外语学刊》2012年第6期，第8页。
② 维特根斯坦：《逻辑哲学论》，韩林合译，商务印书馆2017年版，第18页。
③ 维特根斯坦：《逻辑哲学论》，韩林合译，商务印书馆2017年版，第19页。
④ 维特根斯坦：《逻辑哲学论》，韩林合译，商务印书馆2017年版，第20页。
⑤ 陈嘉映：《语言哲学》，北京大学出版社2003年版，第143页。
⑥ 陈嘉映：《语言哲学》，北京大学出版社2003年版，第143页。

种理想语言，或是理想的翻译确实为翻译的可能提供了哲学上的依据。

## （二）翻译的理想

前期维特根斯坦将语言分解为"命题—基本命题—名称"，与经验世界中的"事实—原子事实—对象"——对应，"维特根斯坦试图将语言与世界（确切说是经验世界）相叠合，从而形成一个界限，界限外是语言不能描述的超验的神秘世界"①。这种语言是维特根斯坦试图创造的一种理想语言，以消除由于日常语言的含糊和逻辑不清造成的哲学上的伪命题。这种理想语言的设想深受弗雷格的影响。弗雷格在其著作《概念文字》（1879 年）中构造了一种概念文字（形式化的符号系统）来弥补日常语言的缺陷，其特点是具有普遍性和无歧义性，它是为科学目的而创制的。

被翻译界奉为经典的本雅明的《译者的任务》（1921 年）一文也提出"纯语言"的概念，但与弗雷格的概念文字不同，前者认为，对于同一事物的意指，"要借助语言间互相补充的总体意图才能得以显示的共同的所指就是纯语言"②。本雅明认为，翻译的终极目的是使纯语言通过不同语言的意指方式在互补互动中得以显现。由此可见，本雅明意义上的理想翻译不是译作对原作的意义复制，而是在译作中与原作的意指互补互动，将纯语言表现出来。

前期维特根斯坦在弗雷格概念文字的基础上提出："为了避免这些错误，我们必须运用这样一种符号语言，它通过如下方式而使它们的发生成为不可能：它不在不同的记号中运用相同的符号，不以表面上看相同的方式运用以不同的方式进行表示的诸符号。因此，也即运用一种遵循逻辑语法——逻辑句法——的符号语言（弗雷格和罗素的概念文字就是这样一种语言。当然它还是未能避免所有错误。）。"③维特根斯坦所主张的符号语言（即理想语言）继承了弗雷格概念文字的构想，认为符合逻辑语法（或逻辑句法）的符号语言可以完全描画经验世界，而超验的、神秘的世界是理想语言无法描述的，即不可说的，而哲学的任务就是要澄清思想。前期维特根斯坦从理想语言的角度阐释了翻译的可能。其命题如下：

---

① 杨晓波：《语言、世界与超越——〈逻辑哲学论〉与道家语言哲学对比》，载《浙江理工大学学报（社会科学版）》2017 年第 2 期，第 140 页。
② 转引自：黄海容：《本雅明翻译观述评》，载《中国翻译》2007 年第 4 期，第 21 页。
③ 维特根斯坦：《逻辑哲学论》，韩林合译，商务印书馆 2017 年版，第 25 页。

从一个语言到另一个语言的翻译并不是这样进行的：人们将一个语言中的每一个命题都翻译成另一个语言中的某个命题；相反，只是命题的诸构成成分被翻译了。

（字典并非只是翻译名词，而且也翻译动词、形容词、连接词等等；它对它们是同等对待的。）[1]

从以上命题可以看出：从一个语言到另一个语言的翻译是语言中命题成分的翻译，即符号的翻译，该命题中的诸符号若在两种语言中的意义相同，那么其所在命题的意义也同样对等，翻译即可成立，而翻译并不是在两种语言的命题之间进行的。按照图像论的观点，在翻译中，不同语言的命题与该事实存在同一描画关系，而不同语言的命题之间存在一种深层的同构关系，即逻辑形式。"每一幅图像，无论它具有什么样的形式，为了能够以任何一种方式——正确地或错误地——描画实际而必须与之共同具有的东西是逻辑形式。"[2]逻辑形式有别于描画形式，图像与事态的同构关系是描画形式，而一个事态的各种描画形式的共同点是逻辑形式，"逻辑形式只能显现，无法说出"[3]。"命题不能表现逻辑形式，它映现自身于它们之中。语言不能表现映现自身于它们之中的东西。我们不能通过语言来表达自身于它们之中的东西。命题显示实际的逻辑形式。它们展示它。"[4]换言之，不同语言中描述同一事实的命题是同构的，其逻辑关系是无法言说的，只能映现于各自的命题中。因此，命题之间能否互译不取决于命题的形式是否对等，而是命题成分间的意义对等。《逻辑哲学论》中所设想的翻译是建立在理想语言基础上的。无论名词、动词、形容词，只要这些命题成分对应的原子事实相同，翻译即可成立。在这种静态的逻辑构造论下所提出的翻译的理想为"直译"找到了哲学上的依据。

---

① 维特根斯坦：《逻辑哲学论》，韩林合译，商务印书馆2017年版，第34页。
② 维特根斯坦：《逻辑哲学论》，韩林合译，商务印书馆2017年版，第14页。
③ 陈嘉映：《语言哲学》，北京大学出版社2003年版，第145页。
④ 维特根斯坦：《逻辑哲学论》，韩林合译，商务印书馆2017年版，第42页。

## 二、走出翻译的理想

《逻辑哲学论》中的图像论、意义指称论中,意义的对等原则是翻译成为可能的必要条件。前期维特根斯坦所构想的理想语言,将理想的翻译置于一种静态的意义观下。然而,我们都知道,实际生活或翻译实践中词语的意义是具有多样性和复杂性的,且在翻译实践中存在大量没有实际对象对应的词语,而这正是翻译的技巧性和艺术性的体现。理想语言和理想翻译是无法实现的,或者可以说是没有必要实现的。

首先,理想语言只适用于有限的范围。前期维特根斯坦的理想语言是在继承弗雷格的概念文字的基础上提出的,可以言说的是基本命题的真值函项,基本命题在遵循逻辑规律的情况下就形成了理想语言系统。理想语言不能表达超验的、神秘的世界,因此对于不可言说的我们要保持沉默。然而,这种理想语言是无法代替日常语言的,它们有各自适应的领域。理想语言追求语言的精确性,因此对科学家、哲学家或语言学家来说是极为必要的。但日常语言也完全满足日常生活的需要,如"这个苹果真大"和"他昨晚喝大了"这两个命题中,我们不会因为"大"一词在两种命题中的意义不同而想要创造一个新词来区别其意义。同样,虽然"他昨晚喝大了"与"他昨晚喝多了"这两个命题意义相同,但我们也不会强求只用一个命题来表述该意义。因此我们无法完全实现理想语言,也没有必要实现它。

其次,既然理想语言无法实现,也无实现的必要,那么理想的翻译亦是如此。在理想语言观的影响下,无论原文还是译文中的命题都要与现实世界同构,且符合逻辑形式。如"上帝是存在的",在前期维特根斯坦构建的理想翻译中是不可译的。但实际上无论中文或是其他语言都可以清楚、准确地将其翻译。前期维特根斯坦的图像论和意义指称论把语言和世界限定于指称和描画的关系。然而,现实生活中我们还可以用语言推测、虚构事物,如"从前有一座金山"等,这样的语句也是可译的,且丰富了翻译作品的艺术性。前期维特根斯坦倡导的理想翻译是机械性的直译,是词对词的翻译,是"忠实"翻译的理想。此外,本雅明的纯语言虽然为翻译提出了一个终极的目标,即显现纯语言。但本雅明坦言,"一切翻译都不过是用来对付语言异质性的权宜之计",而"非暂时、非权益性、一蹴而就、一劳永逸地解决此异质性,已超出了人类的能力所及"。①因此,理想的翻译是无法实现的,也无实现的必要。

　　这种理想语言观下构想的理想翻译是静态的、封闭的。后期维特根斯坦意识到这种理想语言的机械性和单一性,并重新思考了语言的意义观,提出了"语言游戏说""意义即使用""家族相似"等思想,将语言置于日常生活中,认为语言是一种游戏活动,语言的意义在于使用,语言允许概念的模糊性。由此,其后期所体现的翻译观着眼于语言的功能用途,是动态的、灵活多变的。

　　众所周知,后期维特根斯坦抛弃了他前期的语言与世界同构的观点,当然也否定了理想语言,主张返回日常生活这一"粗糙的地面"。其后期哲学对翻译的启示固然是多方面的,特别是能够启发我们对翻译中意义的生成与译文的对等进行深入的思考。然而,我们也不可忽视《逻辑哲学论》中涉及翻译的命题对翻译研究的启发。首先,这些思想为"可译性"提供了哲学理据;其次,理想语言的构想是计算机翻译的基础。计算机翻译的效果虽远未达到我们的期盼,但其不断的进步乃得益于对精确表达的锲而不舍的追求。理想语言和理想翻译虽不会最终实现,但作为一种追求,自有其存在的价值,这正是《逻辑哲学论》带给翻译的最大启示。

---

① 转引自:黄海容:《本雅明翻译观述评》,载《中国翻译》2007年第4期,第23页。

# 第二章

# 从中日语言关系的特点谈起

中日语言间的相似性与各自的语言特点决定了中日翻译的特殊性。汉语与日语分属不同的语法类型——前者为孤立语，后者为黏着语，但两国语言中汉字的存在，使两者具有一定的"亲缘性"。中国的汉字与北非尼罗河流域的埃及人创造的"圣书字"、两河流域（幼发拉底河和底格里斯河中下游）的苏美尔人创造的"楔形文字"（又称"钉头字"）并称为"三大古典文字"。历史上的古典文字皆为表意或音意结合的文字，然而后两种古典文字终究经不起纯粹表音的诱惑，各自完成了自己的历史使命，退出了历史舞台，让位给了字母文字。唯独中国的汉字，在经历短暂的以象形为主的时期，又在"假借"的表音道路上徘徊了一阵之后走上了音意结合的道路，并经受住了拉丁化的浪潮，抵挡住了电脑科技的冲击，一直绵延至今。汉字未必是世界上最古老的文字，却是沿用至今的唯一的古典文字。汉字不仅是中国文化的载体，对不少亚洲国家，如朝鲜、韩国、日本、越南、马来西亚等也产生了深远的影响。如今，世界上以汉字作为主要文化载体的国家却只有中日两国。

日本在汉字传入前本无文字[①]，自汉字传入日本后，最初用于记录其语言的方式有两种：(1)借用汉字的意，即汉字的"正用"；(2)借用汉字的音，即"万叶假名"。随后，日本才出现了用于表音的假名文字（即平假名和片假名）。

---

[①] 日本学界普遍认为日本在汉字传入前本无文字。但也有少数学者，如平田笃胤（1776—1843年）主张日本自神代（即传说中，神武天皇即位前由各神统治日本的时期）以来便有"神代文字"。

然而,因两国文化的差异,日本特有的思想与事物没有相对应的汉语词汇表达。于是,日本人利用汉字的构字与构词原理分别创造了特有的汉字(即"和制汉字",也叫"国字"),以及新的汉语词汇(即"和制汉语")。由此,汉字的音、形、义在两国语言中逐渐出现了差异,这就为中日语言的理解和翻译造成了一定的障碍。

本章主要以汉字日本化的两个代表现象,即"国字"和"和制汉语"为例,首先探讨汉字"六书"造字法对日本"国字"造字的适用性,以明确《说文解字叙》的核心术语"六书"的真正内涵,并正确认识日本"国字"的造字原理;接着探析"和制汉语"这一特殊的翻译现象背后的原理,为日语中汉字词的翻译提供借鉴。

# 第一节　日本"国字"与汉字"六书"

日语因曾向汉字借偏旁与文字,并仿照汉字的构形自创文字,即"国字",用以表达本民族特有的事物与概念,故中日语言具有一定的"亲缘性"。国字是汉字日本化的典型,因其构形表面看来与汉字无异,故学界常套用汉字造字法"六书"来解析国字。"六书"是汉字特有的造字法,也是汉字沿用至今的主要原因。那么,若国字与汉字同用一法造字,为何没能像汉字那样繁衍至今,反而消失殆尽了呢? 国字是否真的沿用汉字"六书"而创制? 本节要探讨的便是这两个问题,并将通过阐释国字与汉字的本质区别,得出国字造字与汉字"六书"无甚关联的结论。

## 一、国字的起源与发展

日本国字的概念有广义和狭义之分。广义取"国家文字"之意,包括日本通用的文字与假名;狭义指日本独创的汉字。学界探讨国字多取其狭义。[①]国字在奈良时期(710—794年)以前就已出现,曾有"作字""倭字""和字"等称

---

[①] 参见:新井白石:《同文通考》,勉誠出版 1979 年版,第 253 页;笹原宏之:《術語としての「国字」》,载《国語学研究と資料》1990 年第 14 期,第 1—10 页;飛田良文、菅原義三:《国字の字典》,東京堂出版 1993 年版,前言;何华珍:《日本汉字和汉字词研究》,中国社会科学出版社 2004 年版,第 87 页;潘钧:《日本汉字的确立及其历史演变》,商务印书馆 2013 年版,第 152 页。

呼,"国字"之名出现于江户时期(1603—1807年)之后。①目前最早的国字见于日本第一部史书《古事记》(712年),如"俣""鞆"。②而国字的定义则出现较晚,最早见于新井白石的《同文通考》(1979年),其定义如下:

> 国字トイフハ、本朝ニテ造レル、異朝ノ字書に見ヘヌヲイフ。故二其訓ノミアリテ、其音ナシ。(所谓"国字",乃本朝所造,异朝字书所无者,故只有训读,没有音读。)③

日本人之所以创制国字,是"用以弥补汉字在表现日本文化时的不足"④。这当然也为表达近代以后传入日本的西洋文明提供了便利。峰岸明归纳了国字产生的四个原因:

(1)日本語を漢字表記したいという欲求(用汉字表记日语的欲求);

(2)社会的に広く漢字を「真名」「本字」として尊重する風潮(将汉字作为"真名""本字"而尊崇的风潮);

(3)漢字は一般庶民の文字生活の中へ普及し始めたこと(汉文在一般民众间的普及);

(4)庶民の間に文字遊戯的好尚(民间文字游戏的流行)。⑤

可见,国字的产生与汉字音形义兼备、书写便捷的特性不无关系。

关于国字的数量,学界尚无定论。据秦明吾统计,新井白石的《同文通考》收录81字,伴直方的《国字考》收录126字,《新明解汉和辞典》《新選漢和辞典》与《漢字源》分别收录127字、140字、120字。⑥飛田良文与菅原義三编撰的《国字の字典》收录最多,共1553字,但其中包含大量中国古籍文献中的汉字。如今,大多数国字已成为"死字",日本的《常用汉字表》(2010年)中仅

---

① 参见:笹原宏之:《術語としての「国字」》,载《国語学研究と資料》1990年第14期,第3—4页。

② 参见:潘钧:《日本汉字的确立及其历史演变》,商务印书馆2013年版,第152页。

③ 转引自:何华珍:《日本汉字和汉字词研究》,中国社会科学出版社2004年版,第87页。

④ 刘元满:《汉字在日本的文化意义研究》,北京大学出版社2003年版,第100页。

⑤ 峰岸明:《国字「小考」》,载《横浜国大国語研究》1987年第5期,第74—75页。

⑥ 秦明吾:《关于日本国字(和制汉字)汉语读音和汉译之研究——以22个最常用国字为例》,载《日语学习与研究》2016年第3期,第90页。

收录"込""峠""畑""働""栃""塀""枠""搾"8字，[①]汉字人名中常见的有3个：
"凪""笹""麿"。这说明国字的数量在逐渐衰减，但从历史上来看，一般认为
曾有100余个国字。

## 二、国字构形论

虽然国字在现代日语中所占比例甚小，但因其含义具有日本特色，而构
造具有汉字特色，因此成了两国文字学界关注的焦点。就构造而言，因其模
仿汉字创制，故中日学者常以汉字造字法"六书"来解析国字的构形，更有研
究者指出日本国字就是依照"六书"创制的。[②]中日学者按"六书"对国字的分
类可参见表2.1。

正如表2.1所示，"六书"中会意造字法创制的国字最多。陈红指出，国字
中会意字占比高达90%。[③]王运璇认为，意合（即会意）是国字的灵魂。[④]此
外，胡传乃、周莉、峰岸明、笹原宏之等均持类似观点。[⑤]不过对某些国字究竟
能否归为会意字，学界尚有争议，如：国字"杢（もく）"在胡传乃和周莉的研究
中被视为"六书"之外的合音字，因该字的读音取"木（もく）"与"工（く）"的组
合，在峰岸明的研究中则被归入合音与合意的"合字"范畴内；周莉认为国字
"凪"是"风"的省略字"几"中加上"止"而创造的国字，王运璇与周莉的阐释大
致相同，却将其归为变体字。我们将在下文对有争议的分类进行评析。

① 该表为日本文化厅于2010年11月公布的最新版本。与前一版相比，该表删除了国字"勹"，
  新增了国字"栃""塀"二字，参见 http://www.bunka.go.jp/kokugo_nihongo/sisaku/joho/joho/
  kijun/naikaku/kanji/index.html。
② 参见：金玲：《浅议日语"国字"与中国六书》，载《教学研究（外语学报）》1989年第4期，第58—61
  页；胡传乃：《日本的"国字"》，载《日语学习与研究》1999年第2期，第75—78页；高坤：《浅谈
  汉字"六书"与日本"国字"》，载《现代语文》2011年第8期，第156—157页；秦明吾：《关于日本
  国字（和制汉字）汉语读音和汉译之研究——以22个最常用国字为例》，载《日语学习与研究》
  2016年第3期，第90—97页。
③ 陈红：《汉字造字模式与日语的"国字"》，载《解放军外国语学院学报》2002年第4期，第33页。
④ 王运璇：《日本"国字"刍议——从概念整合看国字意义构建》，载《和田师范专科学校学报》
  2011年第5期，第63页。
⑤ 参见：胡传乃：《日本的"国字"》，载《日语学习与研究》1999年第2期，第75—78页；周莉：《日
  语国字的造字法》，载《新西部》2009年第18期，第139—140页；峰岸明：《国字「小考」》，载《横
  浜国大国语研究》1987年第5期，第71—75页；笹原宏之：《術語としての「国字」》，载《国語学
  研究と資料》1990年第14期，第1—10页。

融通中西·翻译研究论丛

20

表2.1　中日学者对国字按"六书"进行的分类

| 六书名称 | 金玲(1989) | 胡传乃(1990) | 陈红(2002) | 周莉(2009) | 高坤(2011) | 王运璇(2011) | 峰岸明(1987) | 笹原宏之(1990) |
|---|---|---|---|---|---|---|---|---|
| 指事 | | | 辷 | | 丿 | | | |
| 象形 | | | | | 丼 | | | |
| 会意 | 凪、簗、峠、辷、畑、簗 | 辷、辻、杣、働、凪、鳰 | 毟、杢、榊、凪、働、辷、瓩、畑、辻 | 峠、働 | 劣、毟 | 榊、躾、辷、杢 | 辷、榊 | 杣、鞆、鋲 |
| 形声 | 杢、腺、塀 | 癲、鋲、燵 | 鱚、畒、鋲、燵、匁 | 腺 | 燵 | 腺、働 | 働、腺、鳰、鋲 | |
| 转注 | | | | | | | | |
| 假借 | | | 朶、麿 | 糎、粍、瓩 | | | | |
| 其他 | | 合音：朶、麿、杢 | 变体：俣 | 合音：朶、麿、杢　省略：匁、凪、凩 | 合音：麿　异体：弖 | 合音：畑、糀　变体：凪、簗 | 合字：麿、朶、杢 | 合字：麿、鱇　异体：籾 |

　　由上述研究可见,"六书"中形声造字法创制的国字数量居于其次。如:峰岸明和王运璇列举的"働(どう)"——"亻"为形旁,"動(どう)"为声旁;胡传乃和周莉列举的"腺(せん)"——"月"为形旁,"泉(せん)"为声旁;峰岸明列举的"鳰(でん)"——"田(でん)"为声旁,"鳥"为形旁;峰岸明和陈红列举的"鋲(びょう)"——"金"为形旁,"兵(ひょう)"为声旁。然而分歧依然存在,如笹原宏之认为"働"为会意,乃"動"字附加"亻"旁,不能归为形声字。①胡传乃和陈红也将"働"归为会意字。

　　也有研究者认为国字构形亦采用了其他"六书"法则。如:陈红认为国字采用了指事("辷")、假借("朶""麿"),周莉则将"糎""粍""瓩"等表示计量单

① 笹原宏之:《術語としての「国字」》,载《国語学研究と資料》1990年第14期,第1—10页。

位的国字归为假借字,高坤将"〆"和"丼"归为指事和象形。

从表2.1中的分类可见,中日学者普遍认为,国字多为会意与形声字,少数为指事、象形与假借,唯独无转注字。此外,国字也有除"六书"以外的造字法,即大多为"合音"或"合字"。那么,国字是否按"六书"构造,还是有自己的造字法则?若按"六书"构造,又为何无转注字?表2.1的归类是否可靠?下文将解答这些问题。

### 三、国字构形与汉字"六书"辨异

#### (一)汉字与"六书"

日本国字与中国汉字因外形相似,故往往被认为构造方式也相同,而实际上两者是不同的。在进行辨异之前,先简述一下"六书"之要旨。下文按指事、象形、会意、假借、转注、形声这一顺序介绍,因为这在某种程度上也反映了汉字的发展规律。[①]

指事是一种抽象的造字法,少数指事字直接用一种抽象符号来表示某一意思,如"上""下",多数则是在象形字的基础上增减笔画或符号,如"曰""腋"。象形即用线条大致勾画出所欲表达事物的外形。会意则是合并代表不同事类的字以生成新字。以上三种造字法的特点是用直观的方式表意。其他文明的古老文字,如苏美尔的楔形文字与埃及的圣书字中都有大量象形、指事与会意字存在。然而世间万物纷繁复杂,特别是一些抽象概念难以用直观的方式表达,因此其他古文字逐渐被表音字母取代,而汉字走的却是音义结合的道路。但在此之前,汉字也在表音的道路上徘徊了一下,即采用了假借的造字法。

假借是一种表音的造字法,即某读音无对应的字,于是找个同音字来代替。假借造字法是在指事、象形、会意这类表意造字法技穷后的权宜之计。但纯粹表音不符合中国人的习惯,于是,"追求便于'目治'的书写符号的心理趋势又开始回升","汉字在经过'依声托事'的'假借'阶段之后,又被'转注'

---

[①] 六书的排序一直是学界争论的焦点,虽无定论,但列首位者一般视为文字的起源。西汉的刘歆与东汉的郑众将象形列于首位,这也许意味着他们认为汉字始于象形,确实,文字起源于图画是较流行的说法。但笔者认为符号应早于图画,故许慎将指事列于六书之首更为合理,《说文解字叙》以伏羲作八卦、结绳记事为文字之初创,八卦与结绳正是指事的初始形态。

造字法紧紧地拉回到'建类一首'这个形体表意体系的轨道上来了"。①那么，什么是转注呢？至今仍众说纷纭，亦非本书能够说清，此处只能简述笔者较为赞同的孙雍长的转注观，有学者评其观点"可以认为已接近于真相大白"②。孙雍长将许慎对转注的定义（即"建类一首，同意相受"）解释为建立事类观念，确立事类范畴，并为事类确立一个标志其范畴的"类首"，简言之，即"加注意符"。③按照这一理解，我们通常所理解的占汉字绝大多数的形声字实为转注字，因此转注才是最能产的造字方式，正如孙雍长所言，"'转注'造字法是汉字孳乳之大法"④。那么，何为形声？它与转注又有何区别呢？孙雍长针对一直纠缠不清的转注与形声的关系提出了独到的见解，其中较为重要的有三点：（1）应区分结构上的"形声"和造字法上的"形声"；（2）形声创造新字，转注改造旧字；（3）形声出现在转注后，并受到转注"加注意符"的启示。⑤简言之，形声与转注虽在结构上均为形符加声符，但形声是受转注启发，分别取形符与声符（而非给原有假借字加形符）而构成新字的造字法。

## （二）国字造字与"六书"之不合

基于上文对汉字"六书"的简要梳理，我们认为，国字因起源与发展不同于汉字，其造字并非采用了"六书"这一系统。下文以表2.1所列国字为例来阐述这一观点。

首先，国字中不应有象形与指事字。象形与指事是较为初级的造字法，只能表达直观概念，因此能产性十分有限。国字诞生前，音形义兼备的成熟汉字早已传入日本，且表音的假名文字已发展成熟，这两种方式足以表达生活中所必需的直观概念，因此无须再用象形和指事另造国字。表2.1中陈红所列"辷"（意为滑、发滑）字是由"辵"（意为道路、脚、走路、匆忙走路）和"一"（意为平滑、顺滑）这两个表意的部件合成的，该方法类似会意，即下文所说的"合意"，而非指事。高坤所列"〆"与"丼"字也非指事，前者收录在《大汉和辞

---

① 孙雍长：《转注论：汉字孳乳之大法》（增补本），语文出版社2010年版，第28、30页。
② 黄德宽：《汉字理论研究的重要进展——评孙雍长〈转注论〉》，载《语文建设》1994年第7期，第42页。
③ 孙雍长：《转注论：汉字孳乳之大法》（增补本），语文出版社2010年版，第33—35页。
④ 孙雍长：《转注论：汉字孳乳之大法》（增补本），语文出版社2010年版，第51页
⑤ 孙雍长：《转注论：汉字孳乳之大法》（增补本），语文出版社2010年版，第109、122、129页。

典》的"ノ"部中,是汉字"卜"的变体字;后者为中国古汉字,《说文解字》将其收录于"丼"部,释为"八家一丼,象構韓形",该字在日语中意为盛饭或面的食具,或指在饭上浇盖各式食材的日本料理,可见该字只是向汉字借了字形,并未借意,这类字在日语中称"国训"①,而非国字。

其次,汉字的假借即"本无其字,依声托事",这是一种纯粹的表音,日语中的万叶假名可视为假借。表2.1中陈红所列假借字"杢""麿"是由两个相同或相似发音的汉字合成的,这种造字法"六书"中并未包含,乃国字独有的"合音"。周莉所举的"糎""粍""瓩"均是以两个汉字按意义组合而成的,即"合意"。国字之所以未采用表音的假借,乃因其创制之时另一套表音的假名文字早已完备,完全可以满足表达新概念的需求,而无须另造表音的文字。

再次,表2.1中未列转注字,原因想必是按孙雍长的转注观,转注即在假借字的基础上"加注意符",如上所述,国字无假借字,那么自然也无转注字了。

最后,国字中确有大量会意字和形声字,不过这不足以证明汉字"六书"适用于国字之构形。"六书"并非六种零散的法则,而是一个系统,该系统的形成与完备跟汉字的创生与发展是紧密相连的。因此,可以说国字中(其他古文字也一样)某些造字法则与"六书"不谋而合,而"六书"作为一个系统,与国字的造字法则是无甚关联的。

### (三)国字造字之基本原则

既然国字构形难以一一归入"六书",那么,国字的创制有无一定规律呢?表2.1列出了一类不能归入"六书"的国字,其中一小部分采用了"变(异)体"造字法("省略"法也包含其中),即对汉字的笔画、形状或结构进行微调以创制新字,而其中大部分采用的则是"合音"与"合字"。"合字"是个笼统的称呼,就结构而言,大多数国字其实都是"合字",即复合字或合体字。而就造字方法而言,"合字"实际上包含"合音""合意"与"合音意"三种方法——"合音"即取两个汉字以其读音合成一个新音来表达某含义(如"麿""杢"等),"合意"即取两个汉字将其意义合成一个新的含义(如"躾""榊"等),"合音意"即取两个

---

① 新井白石在《同文通考》中认为,汉语无其字为国字,有其字但义不同为国训。转引自:潘钧:《日本汉字的确立及其历史演变》,商务印书馆2013年版,第164页。

分别代表音与意的汉字合成一个新字（如表2.1归为形声字的那类国字）。

表2.1中除了归为指事的"〆"属于变（异）体字以外，其余都可归为"合字"（归为象形的"丼"实为中国古字，参见上文）。表中的会意与形声字固然是"合字"，而归为假借的国字"粂""麿""糀""耗""瓧"其实也是合字，前二者为合音字，后三者为合意字。显然，这些字与汉字的假借字不同，它们并非"本无其字，依声托事"，而是读音或意义的组合。因此，可以说国字在结构上基本为"合字"，即由多个部件组合而成的字，其造字的基本原则是"合"，包含合音、合意与合音意三种方法。

### （四）国字衰退之原因

如上文统计，一般认为曾有过100余个国字，且数量在逐渐衰减，尤其在现代日语中，国字所占比例极微，甚至到了可以忽略不计的程度。我们认为，这主要是由国字的构型手段与创制年代造成的。国字的"合字"造字法过于单一，局限大，能产性不足，且书写较假名烦琐，造成了普及困难，故多数国字仅限于"位相文字""地域文字"或"个人文字"，[①]乃至如今大多数成了"死字"。

此外，文字从发生学角度来划分，可分为自源文字和他源文字。前者是不假其他文字而独立生成的，通常为表意文字，如中国的汉字、古埃及的圣书字及苏美尔的楔形文字；后者是借鉴、依附其他文字而创制的，世界上的表音文字均为他源文字。日语便是一种典型的他源文字，它不但向汉字借音（形成了假名），也向汉字借意（直接借用了汉字）。但总体而言，日语是表音占主导地位的语言，成熟时期的日语发展出了一套系统、完备的表音手段，基本能表达需要表达的概念，因而起表意作用的汉字的数量在日语中逐年减少。国字正是产生于日语的成熟阶段，那时既有表意的成熟汉字，又有系统的表音假名，因此不再需要依靠指事与象形等手段来创制文字以表达较为基础的直观概念。

可见，日本国字与中国汉字虽具有亲缘性，但也只是远亲，因为两者的起源与发展进程不同，这也使得两者的造字方式不同。国字造字的基本原则是

---

① "位相文字"指在特定社会团体中使用的文字，"地域文字"指仅限某个地域使用的文字，"个人文字"指仅限个人使用的文字。笹原宏之（2007）在《国字の位相と展開》中指出，国字按其使用范围可分为"通用文字""地域文字""位相文字"和"个人文字"四类。

"合"，即合音、合意及合音意，虽然这些方法与"六书"在一定程度上有些重合（其他文字的造字法都与"六书"有某种程度的重合），但"六书"作为一个系统，是汉字独有的，尤其是转注，它是汉字繁衍并沿用至今的主要原因。

# 第二节　和制汉语与"翻译"

汉字的日本化不仅在于造字方面，日本民族利用汉字还创造了特有的词汇，即"和制汉语"。和制汉语对中日两国的文明进步都产生了极其重要的作用。现代汉语中常见的"革命""经济""哲学""社会"等词都是和制汉语，它们是日本在明治时期吸收西方文明而借用汉字创制的，中国在"五四"时期吸收西方文明又转道日本借用了这些词汇，它们至今仍是两国政治、经济、科学等众多领域中共通且不可或缺的词汇。和制汉语所承载的概念，从西方流传到日本，再由日本流传到中国，可谓是一种"翻译"。然而这一独特的翻译现象背后的理据却未被深入探讨过。下文即从汉语的特点入手，探讨两国语言中和制汉语翻译的理据。

## 一、和制汉语的定义

中文的和制汉语源于日语"和製漢語"一词。顾名思义，"和"指日本，"制"意为创制，因此和制汉语即由日本人创制的汉语。《广辞苑》（第6版）中对和制汉语的定义为"中国から日本語に入った漢語に対し、日本で作った漢語（在由中国传入日本的汉语词汇基础上创造的汉语）"①。《漢字百科大事典》中的定义为"漢語の日本語化として、日本で生まれた漢語を和製漢語とも言い、本来の漢語（中国語）にない漢語である（作为汉语的日本化现象之一，诞生于日本，原本在中国汉语中不存在的汉语称为和制汉语）"②。前一个定义强调的是和制汉语的诞生地——日本，后一个定义则强调其生成过程——日本化。

国内的研究中未见对和制汉语的明确定义，但该词在中国学界中的所指跟日本又有所不同。借用汉字来表达西方新事物与新概念的词汇皆被中日

---

① 新村出主编：《广辞苑》（第6版），上海外语教育出版社2012年版，第3029页。
② 转引自：崔崟：《进入中国的「和製漢語」》，载《日语学习与研究》2007年第6期，第22页。

两国视为和制汉语,但借用汉字来表达日本民族特有事物与概念的词汇,虽在形式上都以汉字为载体,但它们的起源不同,因此有一部分在日本学界看来不属于和制汉语。如日语训读词"でばる"起先用"出張"二字来记音,后转为音读词"しゅっちょう",这类词由原来的"和語"转为"漢語",它们是利用训读词的汉字通过音读创制的。而另一类载体为汉字的词汇,如"萌""宅""素颜"等,是日本人直接借用汉字来表达其特有事物与思想的,日本学界并不将其视为和制汉语。而该类词因其具有独特的日本文化内涵,近年来通过网络已经渗透到中国的大众文化中,因此中国学界往往将其归为和制汉语。①

　　因此,可以说和制汉语有广义与狭义之分,上述日本学界所谓的和制汉语是狭义的,而中国学界所谓的和制汉语包含更广,因此是广义的。不管是狭义的还是广义的,其中一大部分是日本人表达新事物与新概念的手段,这就涉及翻译的问题。因和制汉语的翻译涉及西方、日本与中国三方面的传播,情况较一般翻译特殊与复杂,因此本节以此为题进行论述。

## 二、和制汉语的"翻译"问题

　　和制汉语因其以中国的汉字为载体,一直受到中日学界的关注。对其考察主要有语言、历史与社会文化两个层面。如朱京伟从构词类型来区分和制汉语②;陈力卫首先以语源将和制汉语分为两类,然后分别从语言学角度将其细分、归类③;而冯天瑜、崔崟等则从历史与社会文化的角度探讨了和制汉语的传播历史与社会影响④。然而,现有研究忽略了对和制汉语这一翻译现象的研究。

　　和制汉语蕴含普遍的翻译现象。首先,近代和制汉语大量传入中国后,迅速为中国学界所接受和运用,并沿用至今。中国学界用它们来表达西方术语的概念,可视为一种翻译现象。其次,现代汉语中流行的日语词汇(即广义

① 参见:周刚、吴悦:《二十年来新流行的日源外来词》,载《汉语学习》2003年第5期,第72—78页;柯克雷:《中国现代新词与流行词的日语偏向——以"颜"为例》,载《浙江工商大学学报》2016年第2期,第29—38页。

② 朱京伟:《"和制汉语"的结构分析和语义分析》,载《日语学习与研究》1999年第4期,第20—30页。

③ 陈力衛:《和製漢語の形成とその展開》,汲古書院2001年版。

④ 崔崟:《进入中国的「和製漢語」》,载《日语学习与研究》2007年第6期,第22—26页;冯天瑜:《经济·社会·自由:近代汉字术语考》,载《江海学刊》2003年第1期,第22—26页。

的和制汉语）之所以为大众所接受，是因为其代表的特殊含义在汉语中没有合适的表达，那么中国人用日本的和制汉语来表达在中国同样存在的事物与思想，也可视为一种翻译。因此，日本在近代创制的和制汉语，以及流入中国的和制汉语都存在"翻译"的现象。

　　和制汉语的创制与传播，又可以说是一种独特的翻译现象。首先，它涉及西方、日本与中国三种文化。西方的文明术语传入日本后，日本的启蒙学者利用汉字的表意功能创制了"和制汉语"这一特殊的日语词汇来翻译西方的术语，和制汉语融三种文化于一身。其次，它是一种比音译更为彻底的翻译，和制汉语的翻译可以说是一种"零翻译"①。中国在引入西方术语时，不将其译成汉语，而是采用由汉字表述的日本词汇，并用汉语的读音表述，这可谓是"零翻译"的一种特殊现象。

　　然而，日本与中国在吸取西方思想时，为何大量采用以汉字为载体的和制汉语，而不采用音译？中国在借用和制汉语时，为何能实现比音译更彻底的"零翻译"？换言之，和制汉语翻译的理据何在？这些问题都是被学界忽略然而又值得探讨的。因此，笔者以汉字的特点为基础，结合"字本位""五不翻"等语言学与翻译学理论，来探究和制汉语翻译的普遍性与独特性的理据。

### 三、和制汉语"翻译"的理据

　　王力在为周士琦编著的《实用解字组词词典》撰写的序言中说："汉语基本上是以字为单位的，不是以词为单位的。要了解一个合成词的意义，单就这个词的整体去理解它还不够，还必须把这个词的构成部分（一般是两个字）拆开来分别解释，然后合起来解释其整体，才算是真正彻底理解这个词的意义了。"②和制汉语构成的基本单位是汉字，要探讨和制汉语"翻译"的理据，首先要从汉字的"字本位"理论入手分析，然后再讨论和制汉语的"翻译"。

#### （一）汉语字本位特点与和制汉语

　　汉语的字本位理论由徐通锵提出，随后得到了吕必松、潘文国、鲁川等众多学者的继承和发展。该理论有三个主要观点：（1）"字"是汉语研究中最重

---

① 关于"零翻译"的概念，详见本节"和制汉语的'零翻译'特征"部分。
② 王力：序，载周士琦编，《实用解字组词词典》，上海辞书出版社1986年版，序言页。

要、最基本的结构单位;(2)"字"是汉语结构的本位,是研究语音语义、语法、词汇的交汇点,更是汉语言研究的核心和基础;(3)字与字按规律结合成字组,通过"1个字＝1个义类×1个义象"的方式来解决一个字通过一个音节难以表达某个概念的难题。正是利用了汉语的字本位特点,日本在翻译西方科技文明术语时用汉字来创造新词,而不是用他们的"和语"。这里我们以和制汉语中具有代表性的三个词"哲学""社会""科学"为例,以字本位的视角分析其翻译的理据。

"哲学",是英语 philosophy 的译词。philosophy 原意为"爱智、爱智慧",philo 是"爱",sophy 是"智慧"之意。"哲学"是由日本的西周创制的和制汉语。文久二年(1862年),西周在《致松冈鏻次郎的信》中将 philosophy 用汉字解释为"西洋之性理之学",以及用片假名音译成"ヒロソヒ";在《津田真道稿本〈性理论〉的跋文》《西洋哲学史讲案片断》中译作"希哲学"。①同时期还出现了"穷理学""理学""性理学"等译名。西周的"希哲学",源于北宋周敦颐《通书·志学》第十的"圣希天、贤希圣、士希贤"。"希"意为"希望、渴求"。西周不将其译为"希贤学"或"希圣学"的原因要从中国古汉语中"圣""希""哲"的含义说起。首先,"圣"的古字为"聖",是形声字,从耳,呈声,本意为通事达理。《说文解字》中有"圣,通也"的说法,即"圣"有"通达"之意。其次,"贤"的古字为"賢",是形声字,从臤从贝。古文"臤","臣"为顺从的眼睛,"又"为能干的(右)手,又加上"贝",为"钱币、财富"之意,故其本意为善良、劳累、多财。由此可知,"圣"与"贤"都不与"智慧"的含义相对应。"哲"亦为形声字,从口,折声,本意为智慧。《说文解字》中有"哲,知也。从口折声"。"哲"的意思是"知"或"智",这正是 sophy "智慧"的对应含义。由此,西周通过对 philosophy 的词源分析以及对中国古文"希""贤""哲"等词的准确理解,最终创造出了"希哲学"这一具有突破性的译名。此后,西周参照"理学"由"穷理学""究理学"省略而来的翻译策略,最终确定了"哲学"这一译名。②19世纪80年代初,井上哲次郎编撰的《哲学字汇》将"哲学"一词推广到了一般大众。

现代的"社会"是英语 society 的译词。英语 society 是由拉丁语 socius 和希

---

① 参见:孙彬:《论西周从"philosophy"到"哲学"一词的翻译过程》,载《清华大学学报(哲学社会科学版)》2010年第5期,第122页。

② 参见:孙彬:《论西周从"philosophy"到"哲学"一词的翻译过程》,载《清华大学学报(哲学社会科学版)》2010年第5期,第131页。

腊语结合而成,socius是形容词,其名词形societas有伙伴、共同、联合、同盟之义,经法语演变为英语society。王克非认为,这样的"社会"包含两层含义:(1)表示朋友、亲人之间的较为狭小的人际关系;(2)人们因为相互利益而集结、交往和共存的生活状态或方式。这就是现代汉语"社会"的含义,而这个"社会"来源于日本对society的翻译。在日本,"社会"的译名曾经出现过"侣伴、ソウハン(相伴)、集合、又集会、交り、一致、仲间、组、连中、社中"等译词。而这些译词仅仅表达出了现代"社会"的第一层含义。为了表达出"社会"的第二层含义,福泽谕吉使用"人间交际"这一译词。1876年,福泽谕吉在《劝学篇》第17编中使用了"社会"这个词,"社会"开始具有society的第二层含义。随后"社会"一词在日本慢慢得以确立。①

"科学"是对英语science一词的翻译。随着西方文明的传入,中国的学者以及西方传教士对science一词也做过翻译的尝试。最初,他们将西方的自然哲学翻译成"格物致知之学",简称"格致""格物",或"格致(物)学"。进而,严复将science翻译成"西学格致"。"格致"为"格物致知"的简称,意为穷究事物的原理而获得知识。这样的译名大多来自中国古典著作,对于当时的一般民众来说其意义晦涩难懂,因此"西学格致"这样的译名并未得到广泛流传。取而代之的是来自日本的"科学"一词。西周在《百学连环》中提出:凡学问皆有"学域"。即学问分专业、领域,各个领域之间都有明确的界限,学术分科的意思已经隐含其中。②福泽谕吉在其著作《劝学篇》中介绍了地理、物理、经济、历史、伦理等新学科的性质和内容,以"一科一学"这个词组来总结学术研究分门别类的概念。西周在《明六社杂志》发表的论文中,明确将"科学"对应science一词,这个译名才渐渐在日本得到确立。

由此可知,中国汉字的字本位特征为日本人翻译西方文明术语提供了极为便利的条件,这是日本的"和语词"或其他表音文字难以替代的。而日本和制汉语的产生也同样影响了其他汉字圈国家,特别是中国。和制汉语由汉字构成,因此以它们为载体的西方文明术语能够迅速在中国得到传播,中国采用的是近于"零翻译"的方式。

---

① 王克非:《汉字与日本近代翻译——日本翻译研究述评之一》,载《外语教学与研究》1991年第4期,第46—47页。

② 参见:王克非:《汉字与日本近代翻译——日本翻译研究述评之一》,载《外语教学与研究》1991年第4期,第46页。

（二）和制汉语的"零翻译"特征

在我国，"零翻译"的概念是由邱懋如引进的。"所谓'零翻译'，就是不用目的语中现成的词语译出源语中的词语，这里包含两层意思：（1）源文中的词语故意不译；（2）不用目的语中现成的词语译源文的词语。"①其中第二类零翻译包括音译（transliteration）和移译（transference）。和制汉语由日本传入中国的这一过程中，就存在着第二类零翻译的现象。

音译是用汉语中谐音的字或字的组合翻译日语中的词语。其中代表性的音译词有"欧巴桑"，日语为"おばさん"，原意为"阿姨"的称呼，随着动漫的普及，"欧巴桑"一词在动漫中特指一些苛刻、唠叨的中年妇女的形象，其代表的特殊形象"欧巴桑"也引起了中国年轻人的关注，他们将音译词"欧巴桑"引入中国，为一般民众所接受。直接音译词还有"卡哇伊（かわいい，可爱）""纳尼（なに，什么）"等。还有一些后缀词如"桑（さん，一般称呼词）""酱（ちゃん，亲昵称呼词）"等。

移译是把源语中的词语原封不动地转移到目的语中。中国在近代采用日本的和制汉语来翻译西方文明术语（如前所述的"哲学""社会"等词语）的方法就是一种移译。不仅如此，现代汉语流行语中的和制汉语也是一种移译，如"御宅族"一词在日本意为热衷动漫文化并有深入了解的人。因此，"御宅族"给人以内向、缺乏交际能力的印象。此词传入中国后，就指代那些窝在家里不出门、沉迷网络、户外活动与社会交往较少的人群。而"宅"的词性也变得多样化，如动词，"整天宅在家里"；形容词，"那个人很宅的""宅男""宅女"等。采用移译的和制汉语还有如"暴走族（飞车党）""电波族（沉浸在自己理想世界中的人）""达人（在某方面很擅长的人）""颜文字（社交软件中的表情符号）"等。

这种"零翻译"表面上看是用谐音字音译源词或将日语中的汉字词移入现代汉语，实则这些词都表达了汉语中无法精确表达的含义，"是最精确的翻译"②。由此可知，和制汉语进入中国可以说是一种"零翻译"。而在这"零翻译"的背后是有一定的原则的，我们认为这与玄奘在翻译佛经时所提倡的"五

① 邱懋如：《可译性及零翻译》，载《中国翻译》2001年第1期，第26页。
② 邱懋如：《可译性及零翻译》，载《中国翻译》2001年第1期，第27页。

不翻"理论有所关联。

（三）和制汉语与玄奘的"五不翻"

玄奘的"五不翻"指的是在翻译佛经时须采用音译的五种情况：（1）秘密故；（2）多义故；（3）此无故；（4）顺古故；（5）生善故。"五不翻"原则虽为音译提供了一套准则，但中国在吸收和制汉语时也一定程度上体现了"五不翻"的原则。

（1）秘密故：原指佛经中的"咒语"的音译。在和制汉语中虽然没有"咒语"的音译，但如"料理""宅急送"等词的普及可以说是一种"秘密故"。汉语中虽有"菜""快递"等与之相对应的词汇，但在街头巷尾随处可见"日本料理""韩国料理"等店铺名称，"宅急送"也为大众所理解。其原因是商家为了达到宣传效果，特意采用这种带有神秘色彩的异国词语，引发人们的好奇心。可以说，这是"秘密故"在现代汉语中的应用。

（2）多义故：源语一词多义，目的语中无完全对应的词，故音译该词。如前文列举的"欧巴桑""欧吉桑"这类称呼词，日语中不仅有对长辈称呼之意，同时也有讽刺含义，而中文的"阿姨""叔叔"没有这层含义，因此采用音译。

（3）此无故：源语中的概念在目的语中没有对应的表达而采用音译的方式。和制汉语因以汉字为表述形式，因此这类词直接用汉字表示，采用汉语的读音。如日本的传统食物"刺身""寿司"等应属此类。

（4）顺古故：沿用前人的译法不做更改。这类和制汉语在很早以前就传入中国，经过长时间的使用，已经渗透至我们的日常生活中。如"电话""人民""经济"等。

（5）生善故：出于对源词内涵的尊重而采取的翻译方式。和制汉语"一期一会"应属此类。日语中的"一期一会"源于茶道，意指人的一生中可能只能够和对方见面一次，因此要以最好的方式善待对方。该词表达了日本传统文化中的一种无常观。虽然中国人的观念中也有相似的无常观，但并无完全对应的表达方式，随着中日文化的相互渗透，近年来"一期一会"的观念也为中国人所接受。为了保持该词所特有的含义，中国人也就用"一期一会"来表达人与人之间的互相珍重之情。

"五不翻"原则在和制汉语的"翻译"中虽然实例不多，也并非典型，但从以上可以看出，中国在吸收和制汉语的过程中的确曾采用过"五不翻"原则，这些原则为和制汉语在中国的应用及发展提供了一条理论上的依据。

和制汉语是日本人为了表达汉语中不存在的事物或概念而利用中国的汉字所创制的。日本人之所以用中国汉字而非日本的本土文字来创造新词，其根本原因就是中国汉语的字本位这一特征，以及汉字强大的造词功能。"哲学""社会""科学"等和制汉语在近代的大量产生，不仅对日本产生了深远的影响，对中国的近代化同样产生了深远的影响。近代中国用日本的和制汉语来翻译西方传来的文明术语，而现代汉语也在用新的和制汉语来翻译现代特有的文化现象或事物，这都体现着一种"零翻译"。无论音译还是移译，都丰富了中国汉语的表达方式。而玄奘的"五不翻"也为和制汉语反哺中国汉语提供了可分析的理据。

下 篇

《说文解字叙》的日译实践

# 第三章

## 《说文解字叙》与其现有日译本

## 第一节 《说文解字叙》的主要内容与学术价值

### 一、许慎其人

许慎,字叔重,生卒年约58—约147年。东汉豫州汝南郡召陵万岁里(现河南省漯河市郾城区许庄)人。许慎是东汉著名经学家、文字学家,其所著《说文解字》是我国文字学里程碑式的著作,后人尊他为"字圣"(图3.1为河南省安阳市中国文字博物馆中陈列的许慎像)。南朝宋史学家范晔的《后汉书·儒林传》中的短短几行文字为我们勾勒出一位性情淳厚、学识渊博的许慎:

图3.1 中国文字博物馆陈列的许慎头像

许慎,字叔重,汝南召陵人也。性淳笃,少博学经籍。马融常推敬之。时人为之语曰:"五经无双许叔重。"为郡功曹,举孝廉,再迁,除洨长。卒于家。初,慎以五经传说臧否不同,于是撰为《五经异义》。又作《说文解字》十四篇,皆传于世。

## （一）时代背景

许慎生活的汉代是我国历史上第一个文化盛世。此时,儒家经典以及经学成为政治生活和精神生活的核心,全国上下形成了全面尊儒的盛况。经学是指我国历史上训解和阐述儒家经典的学问。经学分古文经学和今文经学两大派系,古文经学派主张以恢复古籍中文字的本原为目的,解决典籍中的文字、音韵、训诂等问题,其发起人是刘向[①]、刘歆[②]父子。古文经学多流行于民间,规模较小。今文经学派主张微言大义地阐释圣人思想,为当时的封建统治提供思想依据。西汉时期,统治阶级利用今文经学来实现其政治野心,甚至编造出"天人感应""君权神授"等说法。因此今文经学派在当时一直处于主导地位。由于两派考据资料的文字和版本、解读方式各异,两学派的激烈论争从西汉末期一直持续到东汉末期。同时,古、今文经学的争辩也促进了当时各派学者对语言文字的深入研究,传统的小学[③]也是在这样的学术争鸣中孕育而生的。

## （二）身　世

许慎在《说文解字后叙》中叙述过自己的身世:

> 曾曾小子,祖自炎神。缙云相黄,共承高辛。太岳佐夏,吕叔作藩。俾侯于许,世祚遗灵。自彼徂召,宅此汝濒。[④]

许慎自称是炎帝神农氏的后裔,炎帝后裔缙云氏曾辅佐黄帝。缙云氏的后裔共工氏曾辅佐高辛氏,共工氏的后裔太岳曾辅佐夏禹,因治水有功被封为"吕侯"。"吕叔"是太岳的后裔,周武王灭商后,赐予太岳"许地"作为封地。其后代就以"许"为姓氏,许慎的"许"便由此而来。许慎的家族此后迁往汝南

---

① 刘向(约公元前77—前6年):字子政,原名更生,世称刘中垒,刘歆之父,西汉文学家。

② 刘歆(约公元前50—公元23年):刘向之子,字子骏,后改名秀,字颖叔,为刘邦四弟刘交后裔。建平元年(公元前6年)改名刘秀。汉代古文经学派的开创者,目录学家、天文历算家。

③ 小学:研究中国古代汉语语言、文字的学科,包括音韵学(释音)、文字学(释形)、训诂学(释义)等分支,传统上是经学的一科。

④ 该段文字收录于《说文解字后叙》,详见本节"《说文解字叙》其文"部分。

汝水之滨的召陵,许慎就出生于定居于此地的许氏一族中。

　　许慎,姓许,名慎,字叔重。古人先取名再取字,在取字的时候常用"伯""仲""叔""季"等表示兄弟间的排行。许慎在兄弟间排行第三,他的父母又根据他的名"慎"字的含义,为其取字"叔重"。

### (三)求　学

　　从"性淳笃,少博学经籍"这八个字中,我们能够得知许慎是一位品性淳厚、才学渊博的学者。《说文解字叙》中记录了汉代的教育制度:"《周礼》:八岁入小学,保氏教国子先以六书。"据此推断,许慎在其年少时期应打下了扎实的文字学功底。许慎大约在18岁时被古文经学派宗师贾逵[①]所识,并招为弟子,随后便师从贾逵入京研习古文经学。许慎在《说文解字》中也曾多次引用贾逵的观点,可见贾逵在许慎心目中的地位。此外,许慎《说文解字》的卓越成就更离不开贾逵的无私传授。

　　在此,我们想对许慎学术思想的师承做一简单梳理。许慎师从贾逵,贾逵的父亲贾徽曾师从古文经学派创始人刘歆。此外,与许慎同时代的郑众[②]之父郑兴是刘歆的弟子,班固[③]也师从刘歆,由此可知,东汉时期的许慎、郑众、班固皆出于古文经学派宗师刘歆门下,而汉字的构形理论"六书"说也出于刘歆门派(参见图3.2"六书"之传承)。"六书"的名目最早见于刘歆的《七略》;班固在《汉书·艺文志》直接采用了刘歆的"六书"之说,即:象形、象事、象意、象声、转注、假借;郑众的《周礼·地官·保氏》中将"六书"分为:象形、会意、转注、处事、假借、谐声。许慎将"六书"分为:指事、象形、形声、会意、转注、假借,并分别进行了阐释和举例,最后为后人所采用。

---

① 贾逵(30—101年):字景伯,东汉著名经学家、天文学家。许慎的老师。
② 郑众(?—83年):字仲师,名儒郑兴之子,东汉经学家。
③ 班固(32—92年):字孟坚,东汉著名史学家、文学家。其所著《汉书》是继《史记》之后中国古代又一部重要史书,被列为"前四史"之一。

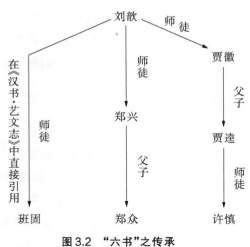

图 3.2 "六书"之传承

### （四）学 术

许慎最辉煌的学术成就莫过于《说文解字》。因该书对我国文字学的深远影响，后人称许慎为"字圣"，研究《说文解字》的学者皆尊称他为"许君"，将《说文解字》称为"许书"，对《说文解字》的研究称为"许学"。除《说文解字》外，许慎还著有《淮南鸿烈间诂》《五经异义》等，可惜这些著作如今我们已无法得见了。

《淮南鸿烈间诂》（《淮南子注》）是许慎的第一部著作。《淮南鸿烈间诂》是一部宣扬道术和阴阳五行观点的著作，其中的"谶纬"①之说是其受到重视的主要原因。许慎是在担任太尉府南阁祭酒期间完成了对该书的注释。《五经异义》叙述了古、今经文学派的观点，虽原书在唐代就已失传，但其观点常被后世学者所引用。《说文解字》是许慎入京师从贾逵后用十年时间拟定初稿，后又用二十年时间修订成稿的。安帝建光元年（121年），病榻上的许慎，命其子许冲向朝廷奉上了他一生的心血《说文解字》。

许慎除了以上著作外，还为五经的传播和经学人才的培养做出了卓越的贡献。许慎在家乡为前来学习的儒生讲授五经，传播经学，这样的生活大概持续了二十多年。在此期间，经学，特别是古文经学，再由这些儒生传播至各地，因此可以说，许慎的无私传授和严谨的治学态度对东汉中后期古文经学

---

① 谶：秦汉时期儒家编造的预示吉凶的隐语，作为人事吉凶的征兆；纬，是汉代附会儒家经义衍生出来的学说。

的兴盛有着重要的意义。

## 二、《说文解字》其书

### （一）创作背景

汉代是我国文字发展的重要转折期。新旧文字共存于世，因此，文字的变异和误解等现象相继出现。此时的古文经学派与今文经学派之争都以文字为出发点，故文字的规范与整理成为当时亟待解决的问题。

许慎认为，"文字者，经艺之本，王政之始，前人所以垂后，后人所以识古"（《说文解字叙》）。对于那些谬传文字意义的学说，他指责道，"人用己私，是非无正，巧说邪辞，使天下学者疑"，因此他要"理群类，解谬误，晓学者，达神恉"。为了纠正今文经学派对经典的曲解、世人任意解说文字的学风，许慎创作了这部《说文解字》（图3.3为中华书局出版的《说文解字》）。

图3.3 《说文解字》（中华书局2012年版）

汉代小学的显著发展对许慎创作《说文解字》也产生了积极的影响。小学自西周就有如周宣王太史籀的《史籀篇》、秦李斯的《仓颉篇》、赵高的《爰历篇》、胡毋敬的《博学篇》等供学童识字的启蒙读本。这些读本就是早期字书的雏形，汉代史学家班固把三者统称为《仓颉篇》。汉代期间出现了传注体的训诂书、《尔雅》式的字书。这些小学方面的成就为许慎编撰《说文解字》带来了不小的启示。

（二）编纂体例

《说文解字》共十五卷，一至十四卷为文字解说，第十五卷为叙和目录。以小篆为字头，同时参照古文、籀文等异字体。宋徐铉①在校订《说文解字》时将每卷分为上下两卷，新补19字于正文中，徐铉校订版是最为通行的版本。全书收录正篆②9353字，重文③1163字。许慎以这些文字的构造为基础进行分析归类，概括出540个部首，此法为后世汉字检字法的产生奠定了基础。

1. 收录的字体

《说文解字》收录的字体有小篆、古文、籀文，兼采或体、俗体、奇字。

（1）小篆，指秦始皇为统一文字，由丞相李斯负责省改大篆而成的秦代官方字体，是《说文解字》收录的主要字体，文中"今叙篆文"一句中的篆文即小篆。

（2）古文，指在太史籀的《大篆》之前出现的各类字体。《说文解字》中的古文，包括"孔子壁中书"和民间所献的古抄本经书。

（3）籀文，指古代秦国使用的文字，是小篆的前身。籀文多用于彝器石刻，字迹工整，是正规的字体。《说文解字叙》中载："及宣王太史籀著《大篆》十五篇，与古文或异。"由此可知，籀文是大篆的一种，与古文在构形上稍有不同。

（4）或体、俗体、奇字，指《说文解字》中除小篆、古文、籀文等主要字体外的字体。《说文解字叙》中指出，"奇字，即古文而异者也"。可见，奇字是古文的一种，但又是古文的异体字。或体、俗体是处于同一时代的文字的不同形体。《说文解字》重文中的或体字实则是一种异体字，是综合古文、籀文、小篆而成的。俗体是指汉篆④，并非与正篆相对的简易通俗字体。许慎在《说文解字》中常用"或作某""俗作某"称谓或体与俗体。

2. 专用表述

《说文解字》是一部系统全面的字典，其中有不少专用的表述，为了方便读者查阅，我们选取其中主要的表述做简要说明。

（1）从某，从某；从某某：指该字是由两个或两个以上的单字组成的合体

---

① 徐铉（917—992年）：字鼎臣。五代至北宋初年文学家、书法家。与弟徐锴并精小学，世称"江东二徐"。与句中正、葛湍等共同校订《说文解字》，世称"大徐本"。

② 正篆：《说文解字》中保存的秦代"书同文"后统一的、经过简化和规范的篆字，也称为"小篆"。

③ 重文：异体字，《说文解字》中收入古文、籀文、或体、俗体等古文奇字。

④ 汉篆：字体为小篆，体格近方，笔法稍掺隶意，多用于庄重的场合和金器上。

会意字。如"奇,从大从可","暴,从日,从出,从收,从米"。

（2）从某某声：指一半取形,一半取声的形声字。从某为意符,某声为声符。如"璧,从玉辟声","箭,从竹前声"。

（3）从某省：指取其字义但不采用该字全形的"省形字"。如"考,从老省,丂声",即"考"取"老"的含义,但形式上只采用了"老"字其中的"耂"部分。

（4）某省声：指取某字作为声符,但不采其全形的"省声字"。如"匋,从缶,包省声",即"匋"字取"包"字的声,但形式上只采用"包"字的"勹"部分。

（5）从某,某亦声：指既取某字形以得义,又取其读音以为声。如"坪,地平也,从土从平,平亦声",即"坪"意为平坦的土地,既取"平"的读音又取"平"的"平坦"之义。这类字也被称为"会意兼形声(或形声兼会意)字"。

（6）某某切：如今我们常见的版本中都有"某某切"的注音方式,即"反切"。许慎著《说文解字》中没有该用语。这是"大、小徐本"中利用反切的方法给汉字注音的方式。如"氛,符分切","昔,古三切"。但这种注音方式采用的是唐宋时代的读音,因此用现代读音拼读出的字可能与该字的读音不同。如江,古雙切,其发音就不同于现代汉语,这是古语的发音方式。

### （三）学术价值

《说文解字》是现代意义上我国最早的字典。之所以是"现代意义上"的,是因为《说文解字》首创按照部首编排汉字的方式,对现代汉语字典的编撰是极具参考价值的。说它是"我国最早的字典",是因为在《说文解字》之前,虽已有按照字义分类的《尔雅》这部训诂学的"词典",以及《史籀篇》《仓颉篇》等当时学童的识字课本,但唯有《说文解字》对汉字字形进行了全面的分析,对汉字字源进行了系统的考究。段玉裁在《说文解字注》中对这部著作有以下评价：

> 此前古书未有之书,许君之所独创。若网在纲,如裘挈领,讨原以纳流,执要以说详。与史籀篇、仓颉篇、凡将篇杂乱无章之体例,不可以道里计。

中国汉字是世界上现存的唯一的表意文字,与其他表音文字不同,汉字兼具音、形、义三个元素。许慎的《说文解字》早在一千九百多年前就以汉字为对象分析汉字的音、形、义,对我国的文字学、音韵学、训诂学、辞书学以及古代社会研究等领域都有着十分重要的价值。

1. 对文字学的意义

首先,《说文解字》可视为连接古今文字的桥梁。其中收录的汉字字体以小篆为主,兼有古文、籀文以及奇字、或体、俗体形式的文字。这些字体有别于已经简化的汉代通行的隶书,多数还保留着先秦古文的字体形态,是甲骨文、金文的遗存(图3.4西周晚期的善夫吉父盨盖上的铭文)。《说文解字》为我们后人辨识秦汉以前的古文字提供了珍贵的参考。

图3.4　中国文字博物馆陈列的善夫吉父盨盖上的铭文(西周晚期)

其次,《说文解字》为我们揭示了汉字的构形原理和发展规律。如前所述,许慎的"六书"说并非其首创,此前的刘歆以及同时代的郑众、班固都曾提出过,唯有许慎在《说文解字》中对"六书"做了阐释并附以实例,且运用六书的构字原理对每个汉字都做了详细的解析。正因为许慎的"六书"说,我们才能对汉字的构形原理有丰满的认识,否则"六书"就成了一个空架子,其确切的含义我们也无从知晓。此外,透过《说文解字》我们可以厘清汉字发展的规律。在《说文解字叙》中,许慎指出:"仓颉之初作书,盖依类象形,故谓之文。其后形声相益,即谓之字。"尽管学界对"仓颉造字"说尚未定论,但从此句可知,汉字的初创始于"依类象形"。许慎称这种摹画为"文",随后才产生出相对简化的"形声相益"的"字"。这种简化的趋势与如今汉字的发展趋势相吻合,许慎对文字发展规律的概括为现代简体字的产生奠定了基调。

2. 对音韵学的意义

《说文解字》对汉字读音的注释为我们认识古音提供了珍贵的参考。《说文解字》共收录了七千多个形声字。形声字由形符和声符组成,一般认为声符标示了先秦的古音,由此便可通过形声字的声符来研究汉字古音的基本读法。如前所述,在如今较为通行的徐铉校订的"大徐本"中有"某某切"的注音方式以便读者掌握汉字的读音。许慎的《说文解字》,除用"某某声"提示该字的声符外,还采用"读若"一词标注读音。学界普遍认为,这是当时汉代的读音,无论是徐铉的"某某切"还是许慎的"某某声"或"读若",都为我们研究古代汉字的读音,以及先秦古音到汉代读音演变过程提供了可靠依据。

3. 对训诂学的意义

《说文解字》对汉字本义的探究为我国训诂学的发展奠定了基础。《说文解字》不仅保存了大量古字,还博引经书中的释义,力求揭示汉字的本来意义。因此,后人在阅读古代文献时,遇到难懂的古汉字,多数可在《说文解字》中找到答案。

汉代通行的汉字已经是经过简化的隶书,文字的假借现象也较为常见,加之今文经学派对经书的谬解,汉字的本义已被逐渐湮没。然而,先秦古籍文献所使用的却是古文字,其字义也采用古义,后人若要继承先秦古人的思想文化,必须知道汉字的古义。《说文解字》以阐明汉字本义为宗旨,为我们提供了了解汉字古义的宝贵参考。

4. 对辞书学的意义

《说文解字》是我国现代意义上最早的字典。《说文解字》对辞书学最大的意义当属其第一次采用了部首归类汉字的方法,这种字典的编排方式一直影响着后世的辞书编撰。如明梅膺祚《字汇》、张自烈《正字通》、清《康熙字典》直至现代编撰字典,都受其影响采用部首归类文字的做法。《说文解字》之前曾有《史籀篇》《仓颉篇》《爰历篇》《博学篇》《凡将篇》《急就篇》等字书,这些字书都是当时学童识字的课本,按照四字或六字、七字编成句子,使句尾押韵。之后的《尔雅》虽被誉为中国最早的词典,但书中主要归纳同类词的关系,可谓一本"近义词词典"。因《尔雅》未对词语进行详细的考察,因此缺乏学术的规范性,更不是一部系统完备的词典。但因《尔雅》早于《说文解字》,因此《尔雅》对《说文解字》的编撰具有一定的启示作用。


(四)局限性

上述成就是许慎在距今一千九百多年前的历史环境中取得的,因此,受其所处历史时代的限制,这部著作有其自身的局限性,我们应该客观对待。

1. 文字方面的局限

尽管许慎在京城跟随贾逵学习古文经学,整理古书时见识过大量的古文字,但这些资料也仅限于周朝末年到秦汉范围之内,资料中的文字距离文字的原始形态已经比较遥远。另外,许慎从未得见甲骨文的这一历史条件的限制也造成了《说文解字》在文字学上的局限。甲骨文是现存最古老的一种较为成熟的文字,记录了三千多年前商王朝的政治、经济、军事、文化、自然科学以及人们的信仰和宇宙观等多方面的信息。甲骨文中多数文字还是保留了原始图画文字的特点,更加接近文字的原始形态(参见图3.5河南安阳殷墟宫殿宗庙遗址陈列的甲骨文)。然而,许慎却无法得见甲骨文这种文字形态,因此《说文解字》对汉字的阐释,以现代的观点来分析有很多是错误的。如"行"字的甲骨文为象形字,其形状像道路,可见其本义应为"道路"。而《说文解字》将该字解释为"人之步趋也",即行走之意。

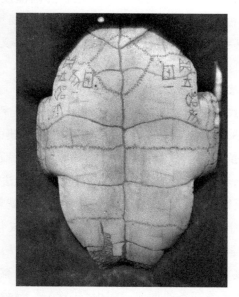

**图3.5　河南安阳殷墟宫殿宗庙遗址陈列的甲骨文**

2. 字典编撰方面的局限

《说文解字》作为我国首部具有科学体系的字典,由于其完成年代还处于古、今文转折时期,书中的编撰存在汉字部首归类标准不一的欠缺。如"绞,从糸"却被编入"交"部。另外,《说文解字》在编排体例上也存在不合理之处。如在汉字排序上,没有一个统一的原则,以致在查找上极为不便。当然,在如今我们所见的版本中已经将检索方法进行了完善。

尽管《说文解字》在某些方面存在一定的历史局限性,但我们还是要对许慎及其《说文解字》在我国文字学等方面的卓越成就予以充分的肯定。

## 三、《说文解字叙》其文

《说文解字叙》收录于《说文解字》第十五卷,学界一般将其分为前叙和后叙两篇,在两叙之间列出了书中所收录汉字的540个部首。

### (一)关于前叙

如今我们提及《说文解字叙》一般指的是前叙,也是本书详细阐释的篇章。在这一千多字的叙述中,分别介绍了汉字的起源、汉字的构形、秦代汉字字体、汉代汉字字体、撰写本书的初衷这五方面的内容,是全书的概述,也是我国文字学研究的重要文献。

1. 前叙概要

前叙中主要讲述如下五个方面的内容。

(1)汉字的起源。中国的汉字、苏美尔人创造的"楔形文字"和埃及人创造的"圣书字"并称为"世界三大古老文字",但沿用至今的只有中国的汉字。关于汉字的起源,中国古代文献中有多种说法,如"结绳""八卦""刻符"(参见图3.6)等,以及古书记载的黄帝史官仓颉造字的传说。

图3.6　中国文字博物馆陈列的新石器时期陶器刻符

许慎在前叙的开篇即揭示了汉字的起源。首先是上古时代伏羲创立的《易经》八卦。八卦源于伏羲对天地法则的观测,以此象征世间的万事万物。其次是神农氏时期的结绳记事。然而,随着社会的发展,事物变得烦琐复杂,结绳记事这一方式已无法满足日新月异的社会进步,于是,黄帝的史官仓颉受到鸟兽足迹的启示,创造了"文字"。许慎认为,仓颉所造的文字是一种图画,因此只能称为"文",此后的形声字才可称为"字",书写在竹简与白绢上的叫作"书"。这一精辟的阐释,让我们对现代"文字"的概念有了更加深刻的认识。

(2)汉字的构形。在讲述了汉字的起源与发展后,针对当时所使用的汉字,许慎提出了他自己的汉字构形理论,即"六书"论。尽管许慎不是提出"六书"的第一人,但他是历史上首次对"六书"有详细阐释并举例说明的学者,因此后世学者在研究汉字构形理论时必定谈及许慎的"六书"论。指事、象形、形声、会意、转注、假借这六种汉字构形理论大致反映了战国末期到汉代及后世人们对汉字的结构和使用情况的认识,已经是较为完善的理论。有了"六书",后人再造新字时就有据可循。因此,"六书"论对我国汉字的发展乃至其他汉字圈国家文字的发展均有较为深远的影响。

(3)汉字的字体:秦代。许慎在这一部分为我们梳理了自周朝到秦朝的汉字字体的演变过程。周宣王时期一位名叫"籀"的太史整理出十五篇《大篆》,其中的字体已与古文有些许差异。此后的战国时期,各国由于对抗周朝的统治,纷纷制定各自的法令规章制度,于是在各国产生了各自的语言和文字(参见图3.7)。秦始皇统一天下后,丞相李斯奏请改革各项制度与统一文字,此时采用的字体是小篆。小篆是在大篆基础上略微简化的篆文,是秦朝的官方字体。此后,由于秦王朝大规模征发隶卒,官府事务变得纷繁复杂,为了便于书写记录,又将小篆简化,于是产生了"隶书"。至此,秦朝的文字共有八种字体:大篆、小篆、刻符、虫书、摹印、署书、殳书、隶书。

(4)汉字的字体:汉代。许慎在这部分对其所处的汉代的字体进行了论述。许慎介绍了汉初时期朝廷重视文字研习的学风,并抒发如今文字的本原已无从知晓的叹息。直至王莽摄政时,大司空甄丰等人对古文字做了改动,于是产生了如下六种字体(也称"六书"):古文、奇字、篆书、左书、缪篆、鸟虫书。

**图3.7　秦统一前"马"字的不同写法（拍摄于中国文字博物馆）**

（5）编写的初衷。许慎在前叙的最后讲述了自己编撰《说文解字》的初衷。其中最为重要的原因是当时人们否定并诋毁古文，极力推崇已被简化的隶书，并妄自解说。如此一来，汉字的使用与其最初的本义已是相去甚远，世人在如此学风中已经无法认识到汉字的真正含义。许慎意识到，文字是经书典籍的根基，是推行王道的基础，只有正确认识文字的本原，古人的思想才能真正流传于后世，后人才可以将古人的思想代代传承下去。

2. 前叙的价值和影响

前叙是我国文字学研究的经典篇章，其价值主要体现在如下三方面：

（1）揭示了汉字的发展规律。前叙中对汉字的起源与发展的叙述为我国文字学研究提供了珍贵的参考。许慎认为，伏羲作八卦与神农氏时期的结绳记事是文字的萌芽期，这与他将指事作为"六书"之首的意图相符。此后的仓颉造书契是真正意义上的文字。许慎在未得见殷墟（图3.8）出土的甲骨文的历史背景下提出，以象形为造字基础的表意文字是汉字的主体，这与后世出土的甲骨文的构形极为吻合。随后，汉字通过形声、会意等方法得以大量创

融通中西·翻译研究论丛

48

造出来。许慎还指出，"取史籀大篆，或颇省改，所谓小篆者也"，隶书的特点是"以趣约易"等。这些都在我国汉字逐渐简化的发展趋势中得到了证实。许慎在有限的资料和历史条件下之所以能够准确地揭示出汉字的发展规律，是因为他长期博览群书、严谨治学的态度。

图3.8　甲骨文发现地：殷墟

（2）阐明了汉字的构形理论。许慎在前叙中对"六书"的细目进行了具体的阐释，并在全书的编撰中以"六书"为理论基础将汉字进行解析归类。由此，汉字的"六书"构形理论在东汉的学术界引起了不小的反响，许慎之后产生了专门研究"六书"的学问，而现代的汉字研究也都是在许慎"六书"的基础上展开的。可以说，许慎的"六书"理论为我国的汉字学研究指明了方向。

（3）梳理了秦汉两朝的文字书体。前叙中记载了秦代汉字书写的八种字体，即"秦八体"，随后又阐释了两汉之交王莽摄政期间的六种字体，即"汉六书"。一般认为，秦始皇在统一文字后，世间只有一种字体即小篆。然而在许慎的前叙中我们可知，在秦统治期间，与小篆一起并行的还有大篆、刻符、虫书、摹印、署书、殳书、隶书这七种字体，许慎的说法更为贴近史实。"汉六书"最早出现在班固的《汉书·艺文志》，但未见详细记载六种书体的来历和用途，而许慎不仅列举了六种书体的名称，还分别解释了每种书体的用途。许慎的解释在此后出土的兵器、竹简等文物中得到了证实。许慎对"秦八体"和"汉六书"的梳理，不仅对文字学研究具有重要的参考价值，对中国的书法研究也具有极其重要的参考价值。

### 3. 许慎"六书"说的局限

许慎在前叙中不仅对"六书"进行了阐释,而且分别举例说明,此后的中国文字学研究多以许慎的"六书"论为基准。然而受时代条件所限,从现代文字学研究的角度可以看出,许慎的"六书"理论有一定的局限性。

首先,"六书"的阐释缺乏严谨性。古人著书多重格律押韵,轻理性分析,许慎在阐释"六书"各个细目时采用的也是骈文形式,让读者读起来朗朗上口,但却忽略了定义的严谨性。其中"转注"的概念最为模糊不清,以致学界至今对这一概念仍争论不休,各家对"转注"的解释大概有十几种。而"象形""指事"等的界限也不甚清晰。如"大"字,许慎将其归为"象形",但按照"象形"的定义——"画成其物,随体诘诎","大"并不是具体实物的图画形式,跟"日""月""牛""马"等象形字有明显的不同;说它是"指事"的话,它也不像"上""下"那样"视而可识,察而见意"。王凤阳指出了"六书"的两大矛盾:其一,许慎在《说文解字叙》里归纳的字形构成规则和他的《说文解字》相矛盾。理论上许慎把造字的条例分为六种,但在对《说文解字》全书所收的9353字的分析里,只见象形、指事、形声、会意,不见转注、假借。其二,《说文解字叙》中所举的转注和假借的例字——"考""老""令""长"——在《说文解字》里分别归属于会意和形声名下。为转注、假借举的例字,在字形分析时却都归属于会意和形声,表面看来这好像是自乱体例。①

其次,"六书"不能涵盖所有汉字的构形原理。许慎所能见到的文字材料是有限的,基于有限的材料而总结出来的汉字"六书"理论自然也是不够全面的。第一,许慎未得见更早的甲骨文,许多甲骨文的字形无法用"六书"来分析;第二,后世产生的大量为注音而创造的合音字(如"甭""俩"等)也超出了"六书"理论的范围。

最后,汉字起源说的局限性。许慎认为,汉字源于伏羲八卦,经过结绳记事这一过程后,仓颉创造了最初的文字。而如今我们所能见到的最早且较完备的汉字是1899年首次在河南安阳殷墟出土的殷商时期的"甲骨文"。甲骨文在汉字漫长的发展历史上具有极其重要的地位,它向世人展示了汉字的早期形式,让世人对中国汉字的真正起源有了全新的认识。这种字形与小篆有

---

① 王凤阳:《"六书"中的两个矛盾——转注、假借新论》,载《东北师大学报(哲学社会科学版)》1986年第5期,第132—138页。

较大差别,其中象形、会意字居多。殷墟出土的三千多年前的甲骨文已经是较为成熟的文字,因此可以断定我国汉字的起源远早于甲骨文。而且汉字也并非靠一人之力就能创造的,应是我国劳动人民在漫长的生活实践中摸索出的逐渐趋于简化成熟的文字系统。但是,受历史条件的限制,生活在汉代的许慎并未见识过甲骨文这种文字,他对汉字起源的认识只能来源于当时的文献资料,而这些资料中关于文字起源的记载多以民间传说为主,因此,以现代科学的观点来看,许慎对于文字起源的考察的局限性是无法避免的。但我们也可以从中看到许慎严谨的治学态度,他没有像其他学者一样单纯地将汉字的起源归为仓颉造字的传说上,而是认为在仓颉造字之前已经存在类似文字性符号的积累,即伏羲的八卦和结绳记事。可以说,许慎在有限的历史条件下已经将他的治学做到了最严谨。

### (二)关于后叙

《说文解字后叙》主要讲述了该书的编排方式、许慎自己家族的谱系及自己创作该书的心得,因内容与文字学关系不大,也并非本书重点考察的篇章,因此仅列出原文和现代汉语译文,以供读者参考。

此十四篇,五百四十部也,九千三百五十三文,重一千一百六十三,解说凡十三万三千四百四十一字。其建首也,立为一端。方以类聚,物以群分,同条牵属,共理相贯。杂而不越,据形系联。引而申之,以究万原。毕终于亥,知化穷冥。于时大汉,圣德熙明,承天稽唐,敷崇殷中。遐迩被泽,渥衍沛滂。广业甄微,学士知方。探啧索隐,阙谊可传。粤在永元,困顿之年。孟陬之月,朔日甲申。曾曾小子,祖自炎神。缙云相黄,共承高辛。太岳佐夏,吕叔作藩。俾侯于许,世祚遗灵。自彼徂召,宅此汝濒。窃卬景行,敢涉圣门。其弘如何,节彼南山。欲罢不能,既竭愚才。惜道之味,闻疑载疑。演赞其志,次列微辞。知此者稀,傥昭所尤。庶有达者,理而董之。

### 【今译】

本书共十四篇、五百四十个部首。其中收录九千三百五十三个汉字,一千一百六十三个重文文字,解说条例中包含十三万三千四百四十一个汉字。本书创立了部首排序的方式，并将"一"部放在首位。书中将所收集的汉字按照同类相聚的原则进行归类，使事物按照类别区分。属于同条法则的汉字将其归为一处，属于同样道理的汉字将其串联在一起。虽然汉字数量繁多，因排字有序而不相杂乱，依据字形将汉字（与字头汉字）相关联。（从"一"字开始）引申出去，探究了上万个汉字的造字本原。最终在"亥"字收笔（"亥"为十二支之尾，象征一个循环告终而另一个新的循环即将开始），（从中我们）可知汉字的变化，探究其中的奥秘。

时值汉朝，圣上贤德，如明日璀璨。光武帝上承天命，躬行尧帝之道创立了大业，在全国布施其崇高的道德，中华大地一派繁荣昌盛的景象。这恩泽如雨如潮极大极盛，汉室基业千秋万代。（圣上）振兴学业，甄选人才于广大民间百姓。学者们知道治学之要，探究文字争论之处，寻找文字已隐于世的本义，他们的见解可以传示后人。此时是汉和帝永元十二年（公元100年）正月初一。

我的祖先应从炎帝、神农算起。祖先缙云氏曾辅佐黄帝，其后共工氏也曾辅佐高辛氏，此后太岳氏辅佐夏禹。其后裔吕叔受到周天子的封赏，被授予"许"处的封地，并在此地封侯并沿用许姓，世代受到祖先庇佑，许氏家族世代相传。此后许氏家族又从许地迁至汝南，从此我们的家族就在汝水边繁衍生息。

我仰慕圣人，不揣冒昧想挨近圣人之门。而圣人之门是有多么高大啊，像南山一样巍峨。（尽管如此）我却欲罢不能，我已经用尽我愚钝的才能。我深爱文字规律的意味，听到"疑惑"之说也只能将其记录下来。我在推演叙述已经记载史册的圣人造字之意后，叙述了我自己浅薄的见解。我对这门学问懂得不多，如果有明显的错误，希望学问广博之士能够将其整理并纠正我的错误。

## 第二节　《说文解字叙》现有日译本概述

《说文解字叙》不仅是汉语文字学的一部经典，其中所记载的汉字字体的演变更是书法研究的重要文献。日本自古便沿用汉字，并在漫长的历史演变中将其日本化，汉字已经成为日语语言系统中不可或缺的符号。此外，日本也由汉字书法发展出了其特有的艺术形式——"書道"，因此，《说文解字叙》

这部经典文献在日本也受到了文字学以及书法领域学者的关注。

目前笔者搜集到的《说文解字叙》的日译本有四种：第一种是收录于田中勇次郎编撰的《中国書論大系（卷一）》的福本雅一译本（以下简称"福本译本"）①，第二种是连载于学术期刊《駒沢女子大学研究紀要》的远藤昌弘译本（以下简称"远藤译本"）②，第三种是连载于学术期刊《比較文化研究所紀要》的冈村繁译本③，第四种是连载于学术期刊《饕餮》的田村（大田）加代子④译本⑤。第三、四种译本主要翻译的是段玉裁对《说文解字叙》的注疏，且该两个译本均尚未完结，鉴于此，本研究以福本与远藤两个译本为参考，对其中的译文进行评析，并在此基础上对《说文解字叙》进行重译。以下简述这两译本的概况。

福本译本收录在由日本二玄社于1977年出版的《中国書論大系（卷一）》的第一篇。《中国書論大系》收录了从汉魏晋南北朝到清朝的中国书论经典，由日本书法界的学者翻译，并加了注释。该丛书共18卷（至今共出版15卷），其首卷的第一篇就是由福本雅一译注的《说文解字叙》。汉字是书法的载体，因此，记载了汉字起源、发展及字体演变的《说文解字叙》便被视为中国最早的书论。也正因如此，日本在编辑这部书论大系时自然将这篇经典文献列于首位，由此也足见日本学界对该文的重视。福本将《说文解字叙》分为了四部分：一、文字起源及六书；二、秦始皇统一小篆，隶书兴起，古文字逐渐消失；三、慨叹世人任意说解文字之风盛行；四、主张正确说解文字是解读经典的关键所在，并阐释了《说文解字》的体例。福本译本采用了中国典籍日译的经典模式，即"原文＋训译＋释译＋注释"。其特点在于，文末的注释非常详尽，多达204条。在文末注释之后还附有对"六书"名目阐释的"辅注"，以及与《说文

---

① 許慎：《説文解字叙》，福本雅一訳注，載田中勇次郎主编，《中国書論大系（卷一）》，二玄社1977年版，第25—62頁。

② 遠藤昌弘：《訳注〈説文解字〉序（Ⅰ）（Ⅱ）（Ⅲ）》，載《駒沢女子大学研究紀要》1996年第3期，第153—165頁；1997年第4期，第67—77頁；1998年第5期，第77—84頁。

③ 岡村繁：《〈説文解字叙〉段注箋釈（一）（二）（三）》，載《（久留米大学）比較文化研究所紀要》1987年第2期，第1—83頁；1988年第3期，第67—97頁；1989年第5期，第33—77頁。

④ 日本女性婚后需改用男方姓，"田村"即译者婚后姓氏，"大田"为其本姓。

⑤ 田村（大田）加代子：《〈説文解字叙〉許叙段注訳注の試み（一）（二）（三）（四）（五）》，載《饕餮》2014年第22期，第3—33頁；2015年第23期，第3—16頁；2016年第24期，2—22頁；2017年第25期，第2—27頁；2018年第26期，第2—20頁。

解字叙》相关的《汉书·艺文志·第十》的原文及训译,以提供更多的背景知识。

　　远藤译本连载于学术期刊《駒沢女子大学研究紀要》(1996—1998年),其模式与福本译本基本一致,即"原文＋训读＋释译＋注解"。其中释译部分不仅是训读文的现代文译文,远藤还随译文加入大量的解读,以对原文中的核心术语及观点进阐释。此外,该译本还附有插图,以便读者对原文内容有更直观的理解。

　　综上所述,福本与远藤两位译者以现代日语的译文及详细的注释,较为全面地对《说文解字叙》进行了解读。但是,两种译本均收录在专业性较强的丛书或期刊中,其读者群体具有一定的局限性。收录福本译本的《中国書論大系》是中国历代书论的集大成,其读者多为研习书法的专业人士;收录远藤译本的《駒沢女子大学研究紀要》则是学术期刊,其读者多为从事科学研究的学者。故此,这两种译文的语言都较为偏向学术性。此外,两种译文中也存在误译、漏译、对原文的过度阐释等现象(参见第六章"《说文解字叙》的'深度翻译'实践"中的"日译解析"部分)。尽管如此,两译本对《说文解字叙》在日本的传播起到了积极的推动作用,笔者将尝试在现有两译本的基础上提供更为准确、翔实的译文。

# 第四章

## 《说文解字叙》的"深度翻译"模式探究

### 第一节　关于"深度翻译"

#### 一、"深度翻译"为何？

　　语言植根于文化,故翻译不仅仅是词句的简单转换,还须再现原文所依存的文化背景。因此,文化内涵越丰富的文本越难翻译。面对此困境,不少翻译家采用了注释、评析、插图、术语汇编等方式(可称为"副文本")来支撑译本,以期引领读者踏入译本植根的文化土壤。这类"译本＋副文本"的形式即美国学者阿皮亚(Kwame Anthony Appiah)所谓的 thick translation,它较之单纯的译本更"丰厚",也更具"深度"。严复的《天演论》与美国汉学家宇文所安(Stephen Owen)的 *Readings in Chinese Literary Thought* 即 thick translation 的范例。

　　据吴冰和朱健平的统计,thick translation 在汉语中有"深度翻译""厚翻译""厚重翻译""厚译""丰厚翻译"等多种译名,而"深度翻译"这一译名使用最多①,故本书亦沿用之。这一概念是美国学者阿皮亚受阐释人类学的"深度描写(thick description)"方法启发,在其论文"Thick Translation"中提出的。

---

① 吴冰、朱健平：《认同与变异：深度翻译在我国的接受研究》,载《语言与翻译》2018年第3期,第73页。

阿皮亚指出，"深度翻译"属于"'学术'翻译"，它"采用注释与术语汇编的方式力图将译文置于丰厚的文化与语言的背景之中"。①此后，英国学者赫曼斯（Theo Hermans）于2003年正式将"深度翻译"这一概念引入了翻译研究领域。②按阿皮亚的定义，"深度翻译"有两个显著特征：（1）它属于"'学术'翻译"，这要求译者"承担着研究和翻译两个任务"；③（2）它"将译文置于丰厚的文化与语言的背景之中"，这要求译者在"译文中构建原文产生的'文化网'，使译入语读者在原文内外文化信息交织而成的网状意义下理解原文"。④

我国学者方梦之在其主编的《译学辞典》与《中国译学大辞典》中均收录了 thick translation 词条（前一本辞典译为"厚翻译"，后一本辞典译为"深度翻译"），在引用与评价阿皮亚的定义之后，方梦之指出，严复翻译的《天演论》可以算作我国翻译史上最典型的"深度翻译/厚翻译"的例子了。⑤阿皮亚的 thick translation 是针对文学翻译提出的，且主要用于教学，而实际上该翻译模式适用于一切文化类的翻译，尤其是以文化的深度传播为目的的翻译。

## 二、"深度翻译"有多"深"？

"深度翻译"简言之即"译本＋副文本"的翻译模式。"副文本"形式的多样性程度决定了"深度翻译"有多"深"。宇文所安在 Readings in Chinese Literary Thought 一书的序言中介绍其采用的翻译方法为：一段原文＋一段译文＋对若干问题的讨论。⑥张佩瑶在译注 An Anthology of Chinese Discourse on Translation. Volume One：From Earliest Times to the Buddhist Project 一书时所采用的方式为：背景描述（contextualization）＋解释（explication）＋深层铺

① Appiah, K. A. Thick Translation. *Callaloo*, 1993(4):817.
② Hermans, T. Cross-cultural Translation Studies as Thick Translation. *Bulletin of the School of Oriental and African Studies*, 2003(3):380-389.
③ 参见：周领顺、强卉：《"厚译"究竟有多厚？——西方翻译理论批评与反思之一》，载《外语与外语教学》2016年第6期，第108页。
④ 参见：王雪明、杨子：《典籍英译中深度翻译的类型与功能——以〈中国翻译话语英译选集〉（上）为例》，载《中国翻译》2012年第3期，第103页。
⑤ 方梦之主编：《译学辞典》，上海外语教育出版社2004年版，第84—85页；方梦之主编：《中国译学大辞典》，上海外语教育出版社2011年版，第92页。
⑥ 宇文所安：《中国文论：英译与评论》，王柏华、陶庆梅译，上海社会科学院出版社2003年版，第12页。

垫（grounding）。①宋晓春以21世纪初三种《中庸》英译本为例，提出"深度翻译"的形式包括注释、文内隐注（译者插入到译文中而没有明显标注的解释）、副文本（序、跋、献词、后记、附录、术语表、致谢等）。②朱健平和刘松将艾乔恩的《墨子》英译本的"深度翻译"区分为译文内和译文外两种，前者包括括号加注、段后评注、尾注，后者包括导论、推荐阅读与翻译说明，以及其他形式（度量衡换算表、术语表、中国朝代日期换算表、封底推荐词等）。③

以上列举的是"深度翻译"最常用的形式。实际上，只要是对译本的阐释，不论采取什么形式，都属于"深度翻译"，至于究竟该多"深"，则视文本种类、翻译目的及译者对文本的熟稔程度而定。此外，我们不妨将上述"深度翻译"视为传统模式，因为在当今数字化时代，"深度翻译"还可与"数字人文"相结合，这点将在本章第三节讨论。

## 第二节　《说文解字叙》的"深度翻译"

下文以《说文解字叙》的英、日译本为例来考察"深度翻译"的具体实施。之所以选择英译本，自然是因为英语的普及性，而选择日译本乃因中、日语言具有亲缘性，故日本学界对《说文解字叙》较为关注，译本也较多。《说文解字叙》的英语全译本据我们所见目前仅一种，收录于美国学者特恩（K. L. Thern）所著的 *Postface of the Shuo-wen Chieh-tzu: The First Comprehensive Chinese Dictionary*④一书。本节以特恩的英译本，以及福本与远藤的两个日译本为考察对象。三个译本均为全译本，且均采用了"深度翻译"模式，其具体形式可见表4.1。

---

① 参见：张佩瑶：《从"软实力"的角度自我剖析〈中国翻译话语英译选集（上册）：从最早期到佛典翻译〉的选、译、评、注》，载《中国翻译》2007年第6期，第36—41页。

② 宋晓春：《论典籍翻译中的"深度翻译"倾向——以21世纪初三种〈中庸〉英译本为例》，载《外语教学与研究》2014年第6期，第939—948+961页。

③ 朱健、刘松：《艾乔恩企鹅版〈墨子〉英译中深度翻译策略研究》，载《外语教学》2019年第2期，第99—103页。

④ 参见：Thern, K. L. *Postface of the Shuo-wen Chieh-tzu: The First Comprehensive Chinese Dictionary*. Madison: The Department of East Languages and Literature, University of Wisconsin，1966. 特恩是国际著名红学家和历史学家周策纵先生在美国威斯康星大学东方语言系的学生，该书底本即周先生所开"独立研究"一课的课程论文。

表 4.1　《说文解字叙》三译本的"深度翻译"模式对比

| 译本 | 模式 | |
|---|---|---|
| | 文内 | 文外 |
| 特恩译本 | 分段并添加标题、随文注释、脚注 | 周策纵序、译者引言、汉字540部、《后叙》译文、参考文献、附录 |
| 福本译本 | 随文括号加注、文末注释 | 解题、短评、附录 |
| 远藤译本 | 分段标注标题、随文括号加注、段末注释、评析、图表 | 引言、参考文献 |

## 一、文内"深度翻译"

所谓文内"深度翻译",指译者在译文文本内加入辅助读者理解原文的信息,可直接插入译文,也可添加在译文的段前、段末或页脚。这类形式适用于篇幅简短的信息,以便读者在阅读过程中随时参考,而不至于产生过重的信息负担。

例如,特恩的英译本和远藤的日译本均将《说文解字叙》按主旨进行了分段,并添加了标题,这有利于读者对原文内容与结构的把握。此外,英、日译本均在文内插入了大量形式多样的注释。特恩的英译本中主要有随文注释和脚注两种,随文注释包括三类:方括号加注(用于补充原文的隐含信息)、圆括号加注(用于解释说明)、专有名词后标注汉语原文。福本与远藤的日译本也采用了随文括号加注(方括号用于补充原文的隐含信息,圆括号用于解释说明)、文末注释(用于专业术语、文化背景、原文语句的解释)以及段末注释(用于原文术语与语句的解释)等方式。此外,远藤译本还在译文中插入大段的评析与大量图表,以对原文的要点与难点进行详细阐释。然而依笔者看来,远藤的评析篇幅过长,图表数量也过多,使得译文不连贯,反而易给读者带来阅读障碍,不利于读者对原文的整体把握。因此,建议将篇幅较大的注释与大量图表置于全部译文之后,若译文像特恩和远藤的译本那样按主旨进行了分段,可置于每段的段末。

## 二、文外"深度翻译"

所谓文外"深度翻译",指译者在译文文本之外所附的辅助读者理解原文的信息。之所以附于译文之外，乃因这类信息篇幅较大，插入译文内会阻碍阅读。文外"深度翻译"可包含译者对原文的背景阐释、翻译心得、学术研究，以及提供给读者以便其进一步了解原文的其他信息（如索引、术语表、参考文献等）。

例如，在译文之前，特恩的英译本附有周策纵先生的序言与译者的引言，前者对《说文解字叙》特恩译本的来龙去脉、对《说文解字》的价值与研究史做了概述；后者对许慎、《说文解字》及《说文解字叙》做了扼要介绍。远藤与福本的日译本也均有译者引言，内容与特恩译本的引言相似，其中福本译本的引言（他称之为"解题"）尤为详细，不但概述了《说文解字》与《说文解字叙》的内容、结构及学术价值，还向读者介绍了历来学者对《说文解字叙》的注疏、日本学者对《说文解字叙》的研究，并提供了可供读者进一步学习的相关文献。

在译文之后，远藤译本仅提供了参考文献，福本译本在译文后附有短评，介绍了"六书"的由来，并附上了《汉书·艺文志》中有关汉字的段落（以中日对照的形式），以便读者与《说文解字叙》中的相关内容对比。特恩译本的做法尤其值得我们借鉴。译者按《说文解字》第十五卷的编排继续翻译了汉字540部与《后叙》，并提供了参考文献与附录。特恩对汉字540部的翻译与阐释是一项十分有价值的工作，这项工作本身也可视为对汉字540部的"深度翻译"。特恩并非仅仅翻译了540个字符的大意，还提供了其现代写法，反切注音，高本汉《古汉语字典》中的对应序号，上古、中古与现代汉语的读音。此外，译者还在附录中提供了多张表格，分别列出了易混淆的部首、540部按笔画与现代读音的重排。这些工作大大方便了读者对汉字的学习与检索。特恩译本的文外"深度翻译"占了全书约五分之四篇幅，将翻译与研究紧密结合在了一起，其翻译是为读者更好地使用与研究《说文解字》服务的。

## 第三节 "深度翻译"的未来发展

值得注意的是，"深度翻译"也并非越深越好，正如曹明伦指出的："加注本来是为了替读者扫除障碍（理解障碍），可注释太多又会给读者造成新的障碍（阅读不畅）。"①特别在当今数字化时代，读者已越来越不适应阅读大部头著作，"碎片化阅读"渐成主流。这当然是有弊端的，但笔者要借此强调的是，我们也应正视数字化时代给传统阅读方式带来的挑战。这给"深度翻译"带来的启示是：译者应突破纸质文本的局限，将目光转向"大数据"、互联网与多媒体，以此扩展"深度翻译"的形式。而这方面的研究除了龙明慧的《数位化时代深度翻译在〈茶经〉翻译中的创新应用》一文，笔者尚未见其他相关研究。

龙明慧以美国译者法兰西斯·罗斯·卡朋特所译的陆羽《茶经》为例提出，可在译本的电子版中插入超链接，关联到图片、音讯、影片、动画等支撑译本的素材，以让读者对译本的背景有全方位的了解。②龙明慧提出的翻译模式即当今"数字人文"时代"深度翻译"的未来发展方向。笔者认为，这种新模式不仅适用于译本的电子版，也适用于传统的纸质版，只要将超链接改为二维码（读者通过手机扫码进入）即可。

"大数据视域下数字人文研究"成了2018年度中国十大文科学术热点。所谓"数字人文（Digital Humanities）"，即以电子信息化技术来解决人文学科的问题，其中互联网是实现"数字人文"的必要条件。"深度翻译"与"数字人文"相结合，既可将译文置于更丰厚的文化背景中，又可使读者不受时空局限，依据其阅读目的与习惯随时随地阅读，因此，该模式在中国典籍的翻译中具有广阔的前景。

---

① 曹明伦：《当令易晓，勿失厥义——谈隐性深度翻译的实用性》，载《中国翻译》2014年第3期，第112页。
② 龙明慧：《数位化时代深度翻译在〈茶经〉翻译中的创新应用》，载《编译论丛》2019年第1期，第59—76页。

第五章

《说文解字叙》核心术语的日译探析

中国典籍术语日译常采用直接挪用汉字的"零翻译"和用现代日语注释的"释译"两种方式。因中日两国语言中的汉字往往形同义不同,故"零翻译"易使日本读者费解,甚至产生误解;而"释译"因篇幅较长,只适用于注释而非正文。中国典籍日译在语篇翻译中常采用"训译"(即按日语语序与读法解读汉文)的方法,但该方法未见用于术语翻译。若将"训译"用于术语翻译,既能保留术语的简短形式,又能曲达其内涵,是较为可取的翻译方法。"六书"是中国小学的重要概念,也是《说文解字叙》中的核心术语,本章将以此为例来探讨中国典籍术语日译的训译,并在此基础上补充释译,以期为注释与辞典编撰提供参考。

## 第一节　中国典籍术语日译的方法

中国典籍东传历史悠久,古时皆采用汉文训读(即按照日语的读音和语法规则阐释汉文)的方式翻译。因中日两国汉字的"亲缘性",且古时中国典籍只在比较精通汉文的上层阶级流传,故典籍中的术语往往直接挪用汉字,无须翻译。在现代,中国典籍术语的日译除了直接挪用汉字外,还采用现代日文进行注释的方式。千百年来,日本汉字与汉语原字不论在字形还是在字义上均日趋相异,且现代日本的普通读者早已对中国典籍陌生,故不宜在翻译中直接挪用汉字术语。而采用现代日文进行注释的方式因较占篇幅,故不适用于正文。实际上,中国典籍日译中常采用一种既重形式又重内容的意译，即日语特有的"训译"方法，但奇怪的是，它在术语翻译中却很少采用。而该问题至今并未引起学界的注意，也未见相关研究。因此，本章拟以中国文字学中的重要概念"六书"为例，探讨"训译"在典籍术语日译中的适用性与重要性。

如上所述，中国典籍术语日译在现代常采用直接挪用汉字和注释两种方式。前者可视为"零翻译"（zero translation）。[①]汉字最初在日本作为书写的符号是取其本意的，因此日本也将汉字称为"真名"，即汉字的"正用"。[②]古代日本人对汉字的字义是较为熟悉的，译者在翻译中国典籍中的术语时自然只需将其转换为日语中的汉语词汇即可。例如，《说文解字叙》的福本译本和远藤译本均将"六书"名目分别译为"指事、象形、会意、形声、転注、仮借"；这两个译本对其他术语也多用此法翻译，如将"壁中书"译为"壁中書"。又如，中国儒家的"五常"在大多数日译本中被译为"仁、義、礼、智、信"。然而，正如潘钧所言："时至今日，中日两国的汉字不论是种类、字体还是词义、用法都发生了很大变化……日语汉字与中国汉语汉字有着质的不同，这种不同具体表现在字形、字义、字音以及汉字的使用、汉字的意识等方面。"[③]因此，现如今"零翻译"的术语容易引起现代日本普通读者的费解或误解，这种译法并不利于中国典籍术语在日本的传播。

中国典籍术语日译的第二种常用方法是注释。为避免普通读者对"零翻译"的术语产生误解，译者往往需以注释的方式对术语进行阐释，该方法也可视为一种"释译"（paraphrasing）。诚然，翻译即阐释，但这里所谓的"释译"往往将翻译的阐释性发挥到最大，译文不再保留术语原本的简短形式，而采用了语句甚至段落。例如，在福本与远藤译本中除直译"六书"名目外，皆以现代日语对其进行了阐释；又如，中国书论典籍《书谱》的西林昭一译本将点画术语"悬针"释译为"十や平の字のたて画が針のとがっているように抜き放たれる"[④]。可见，此方法虽有助于现代日本读者对典籍术语的理解，但因篇

---

① 参见：邱懋如：《可译性及零翻译》，载《中国翻译》2001年第1期，第24—27页。
② 日语中"名"即"字"，汉字因兼备音形义的特点，故被称为"真名"。平假名和片假名因只作为表音的文字，故被称为"假名"。万叶假名虽为汉字，但仅用于表音，故被称为"真假名"。
③ 潘钧：《日本汉字的确立及其历史演变》，商务印书馆2013年版，第230页。
④ 孙过庭：《書譜》，西林昭一訳注，载田中勇次郎主编，《中国書論大系（卷二）》，二玄社1977年版，第143页。

幅较长而不适用于正文或其他篇幅有限的情况。

上述两种翻译方法的优缺点显而易见,前者是重形式的极端,后者是重内容的极端。本章拟调和这两种极端。翻译,归根结底是效度的问题,典籍术语翻译尤其如此。所谓效度,即"译文实现原作意图的程度"[1],也可理解为译文的有效性和尺度。译文的效度需放在具体语境中加以评判。零翻译等于不译,因此只适合学者之间的交流,对于普通读者收效甚微;而释译虽内容详细,但篇幅较长,只适用于注释,因此对于未顾及翻看注释的读者来说也不能奏效。那么,有没有一种可调和零翻译与释译,既能保留术语简短形式,又能曲达其内涵的翻译方法呢?

我们认为,典籍术语的日译若要对普通读者尽最大可能有效,宜采用符合现代日语表达习惯,且尽量简短的"和语"来翻译。这种方法即在中国典籍日译中常采用的汉文训读,训读其实也是一种翻译方法,可称为"训译"。许慎《说文解字》云:"训,说教也。说教者,说释而教之。"[2]因此"训"意为解释,中国小学有所谓的训诂学,即解释古代典籍中字句之意的学问。日语中的训读或训译,也沿用了"训"之为解释的含义,它是"古代日本人对汉文的解读(近似翻译)方式,按照日语语序和读法来读,也就是一方面尽可能保留汉字,同时又化为日语文本",这种方法可以说是"搭建中国文化输入日本的有效渠道"。[3]然而,训译往往用于语句或篇章的翻译,鲜用于术语的翻译。

# 第二节 "六书"名目的日译

## 一、"六书"名目的翻译概况

"六书"是汉字造字的六种法则,也是中国小学的重要概念。因汉字已成为日语书写方式之一,所以"六书"在日本的文字学界也颇受关注。"六书"名目的日译有多个版本,大致有两大来源:《说文解字叙》的日译本和词典的相关词条。目前《说文解字叙》在日本有两种全译,分别为福本译本与远藤译

---

[1] 司显柱、刘莉琼:《论译文的效度和信度》,载《中国翻译》2009年第3期,第61页。
[2] 许慎:《说文解字注》,段玉裁注,上海古籍出版社1988年版,第91页。
[3] 潘钧:《汉文训读与日语语言文字的形成》,载《外语学界》2013年第2期,第2页。

本。<sup>①</sup>此外，大型词典一般都载有"六书"名目的词条。笔者选取新村出主编的《广辞苑》(第6版)<sup>②</sup>和尚永清主编的《新汉日词典》<sup>③</sup>作为考察对象，两者分别是由日方与中方编写的大型权威词典。

《说文解字叙》的两种日译本对"六书"名目的翻译均采用了零翻译和释译的方式，即直接采用日语汉字词直译术语，同时以现代日语对这些术语进行了阐释。本章所考察的两本词典只提供了"六书"的阐释，均未提供训译。然而，以英译本为例，不论美国学者特恩的译本<sup>④</sup>，还是杨晓波在批评特恩译本后提出的新译本<sup>⑤</sup>，皆提供了直译与释译。英语中的术语直译相当于日语的训译，即用形式简短的词组或短句来翻译术语。笔者认为，术语的训译既具阐释性又具简洁性，兼顾了译文的有效性和尺度，是中国典籍术语向日本当代普通读者译介的有效方法。

## 二、"六书"名目的训译与释译

"六书"究竟作何解释，自古聚讼不断，尤其是转注。"六书"虽非许慎独创，但许氏的功绩在于提供了"六书"的解释与字例。尽管如此，出于文体与修辞的需要，阐释难免不能尽意，甚至引起了误解。因此，下文在评析各译本的基础上提供"六书"名目的训译之外，还将提供其释译。笔者的释译以许慎本人对"六书"的阐释为依据，尽量贴近其释文的原意，但也进行了一些发挥，以消除原文表述的模糊。

首先讨论"六书"这一总名的翻译。笔者所考察的日译本均将"六书"直接译为"六書"，然而，"書"在日语中仅有文字与书信的含义，因此现代日本读者不易将其与造字法则联系起来。鉴于此，笔者建议将其训译为"六つの造字法"。

① 許慎：《説文解字叙》，福本雅一訳注，载田中勇次郎主编，《中国書論大系(卷一)》，二玄社1977年版，第25—62页。遠藤昌弘：《訳注〈説文解字〉序(I)(II)(III)》，载《駒沢女子大学研究紀要》1996年第3期，第153—165页；1997年第4期，第67—77页；1998年第5期，第77—84页。
② 新村出主编：《広辞苑》(第6版)，上海外语教育出版社2012年版。
③ 尚永清等主编：《新汉日词典》，商务印书馆，日本小学馆2005年版。
④ 参见：Thern, K. L. *Postface of Shuo-wen Chieh-tzu: The First Comprehensive Chinese Dictionary*, Madison: The Department of East Languages and Literature, University of Wisconsin, 1966.
⑤ 参见：杨晓波：《论〈说文解字叙〉中的术语英译——以K. L. Thern的评注式译本为例》，载《中国翻译》2015年第3期，第105—109页。

接着讨论"六书"具体名目的翻译。许慎对"六书"的 排序为:指事、象形、会意、形声、转注、假借,下文大致按此顺序逐一讨论。然而鉴于学界对"转注"历来有争议,且它与"形声"关系密切,故将两者放至最后一起探讨。

指事,许慎将其解释为"视而可识,察而见意",这句话描述的是指事字的特点,就构造来说,指事造字法指在原有字符的基础上增减符号以表达事物的概念。指事之"事"兼含抽象与具体的事物,如"上""下""刃""勺"。若将"指事"二字直接挪用至日语文本,则易让读者产生误解,因为"事"字在日语中一般指事情而非事物(见《广辞苑》与《新汉日词典》中"事"字条目)。福本与远藤的译本未将"指"的宾语译出,两本词典中的释文仅表明了指事的抽象性。而日语中"物事"一词恰好包含事情与事物,因此不妨将"指事"训译为"物事指し"。相应地,笔者也在"视而可识,察而见意"的译文中添加了"物事"这一宾语以使意义更明确,因此,整句话可译为"見て物事を識別でき、察すればその意味が分かるもの"。综上所述,我们可将"指事"的许慎释文、日本现有释译、笔者的释译与训译汇总于表5.1。

表5.1　"指事"的许慎释文、现有释译及笔者的释译与训译

| 许慎释文 | 译本 | 现有释译及参考译文 |
|---|---|---|
| 视而可识,察而见意 | 福本译本 | 見て識別でき、察すれば意味がわかるもの |
| | 远藤译本 | 視て識ることができ、察して見ることができるものである |
| | 广辞苑 | 事柄や数などの抽象的な概念を象徴的に記号化して字形とする方法 |
| | 新日汉词典 | 象形字に簡単な点を添えて字形とし、事柄を指示するもの |
| | 参考释译 | 見て物事を識別でき、察すればその意味が分かるもの |
| | 参考训译 | 物事指し |

象形,许慎解释为"画成其物,随体诘诎",即以线条大致描画所欲表达的事物外形。段玉裁注云:"象当作像。像者,似也。象者,南越大兽也。"[1]可见,此处"象"为动词,意为模拟。而日语中虽有动词"象る"(模拟之意)一词,

---

[1] 许慎:《说文解字注》,段玉裁注,上海古籍出版社1988年版,第755页。

但按照日语宾语在前的语法结构应译为"形象","象形"则易被误解为两个名词的并列结构,因此不宜直接挪用。鉴于此,笔者建议将动宾结构的"象形"训译为"形象り",并将"画成其物,随体诘诎"译为"物の形を(象って)画きあげ、その姿に随ってくねるもの"。综上所述,我们可将"象形"的许慎释文、日本现有释译、笔者的释译与训译汇总于表5.2。

表5.2 "象形"的许慎释文、现有释译及笔者的释译与训译

| 许慎释文 | 译本 | 现有释译及参考译文 |
| --- | --- | --- |
| 画成其物,随体诘诎 | 福本译本 | そのものを画きあげ、その姿をなぞりくねってゆくもの |
| | 远藤译本 | 画いてその物を表わし、形態に随ってまげる |
| | 广辞苑 | 物の形を絵画的にかたどって文字とする方法 |
| | 新日汉词典 | 字が物の形をまねて作った文字 |
| | 参考释译 | 物の形を(象って)画きあげ、その姿に随ってくねるもの |
| | 参考训译 | 形象り |

　　会意,许慎解释为"比类合谊,以见指撝",也就是取象征两类事物的符号,将两者的意义合并而形成一个新的意义。"会意"二字在日语中的意思与中文意思相似,但笔者统一训译为"意合せ"。福本与远藤均对"会意"进行了释译,但存在如下问题:"比"为并列排放,可译为"並べる",两译本中为与原文保持形式一致均采用了"比(なら)べる"这一同音词。在现代日语中,"比べる"为"比较"之意,读者不易联想到其"并列"的含义,容易引起误解。"类"指事物类别,可译为"種類",而两个译本均译为"类似的事物(類するもの)"。综上,笔者将"比类合谊,以见指撝"译为"物事の類を象徴する符号を並べ、その意義を合わせることによって新しい字の意義を指し示すもの"。综上所述,我们可将"会意"的许慎释文、日本现有释译、笔者的释译与训译汇总于表5.3。

表5.3 "会意"的许慎释文、现有释译及笔者的释译与训译

| 许慎释文 | 译本 | 现有释译及参考译文 |
|---|---|---|
| 比类合谊，以见指撝 | 福本译本 | 類するものを比べてその誼（意義）を合せ、そして指し示すことを見すもの |
| | 远藤译本 | 類するもの比べてその義を合せ、そして指し示す |
| | 广辞苑 | いくつかの漢字を結合し、それらの意味を合わせて全体の字義を導き出す方法 |
| | 新日汉词典 | 二つの字を合わせて一つの字を作り、かつその意味をも合成する方法 |
| | 参考释译 | 物事の類を象徴する符号を並べ、その意義を合わせることによって新しい字の意義を指し示すもの |
| | 参考训译 | 意合せ |

假借，许慎解释为"本无其字，依声托事"，即借用一个与某概念同音的字来表示该概念。日本借用中国汉字来标记日语读音的做法与此十分相似，"万叶假名"就是假借的一种。"假借"的日文表达是"仮借"，笔者所考察的译本与词典均如此翻译。然而，日语中"仮"意为临时的或假的，而中文的"假"与"借"同义。此外，"假借"若只译出"借"的含义，读者难以明白其所借的对象。实际上，假借即借音，不妨训译为"音借り"。相应地，"本无其字，依声托事"不妨稍加阐释以突出借音这一核心内容，可译为"本来字のない物事に、同じ発音の字を借りて物事の意義を託すもの"。综上所述，我们可将"假借"的许慎释文、日本现有释译、笔者的释译与训译汇总于表5.4。

表5.4 "假借"的许慎释文、现有释译及笔者的释译与训译

| 许慎释文 | 译本 | 现有释译及参考译文 |
|---|---|---|
| 本无其字，依声托事 | 福本译本 | 本来その字のないものを、同じ発音の文字を借りてそれに託するもの |
| | 远藤译本 | もともとの字がないものを、おなじ発音の字を借りて意味を託することである |
| | 广辞苑 | ある概念や物事を表す漢字がない場合、本来の意味と違う同音の他の漢字を借りて当てたもの |

| 许慎释文 | 译本 | 现有释译及参考译文 |
|---|---|---|
| 本无其字，依声托事 | 新日汉词典 | —— |
| | 参考释译 | 本来字のない物事に、同じ発音の字を借りて物事の意義を託すもの |
| | 参考训译 | 音借り |

转注，许慎解释为"建类一首，同意相受"。为追求两句且每句四字的形式，许慎并未阐释清楚转注的真正含义，这便引发了后人持久的猜测与争论，至今悬而未决，乃至"成为文字学界的禁区"①。笔者不参与对于转注的争论，这一问题也非笔者能够解决。然而，翻译作为一种阐释，总归要有所依据，本书的依据乃孙雍长对于"转注"的解释。该解释在学界影响较大，有人甚至评价它"可以认为已接近于真相大白"②。笔者认为，孙雍长的解释不但令人信服地解答了汉字幸存至今的原因，也阐明了转注与形声的真正区别。③

按照孙雍长的观点，"'转'者，移也"，"'注'者，属也，附也"，"'转注'者移附也，移此属彼之谓也"。因此，"'转注'造字法的真谛便是：建立事类观念，确立事类范畴，并为事类确立一个标志其意义范畴的'类首'"。简言之，即"加注意符"。④孙雍长的这一解释实则道出了汉字发展的规律。他认为，"转注"的产生乃源于旧的表形造字法技穷后，表音的"假借字"大量增多，给文字的使用与辨识带来了困难，于是人们便对"假借字"进行"建类一首，同意相受"的形体改造。通过"转注"，汉字在表音的道路上徘徊了一下，最终走上了音义结合的道路。⑤

转注一词即便对中国读者来说都难明其意，因此不能像现有日译本那样直接挪用汉字。根据孙雍长认为转注即"加注意符"的观点，笔者将其训译为

---

① 参见：裴梦苏：《谈〈说文〉中的"同意"术语与"转注"的关系》，载《汉字文化》2016年第1期，第41页。
② 参见：黄德宽：《汉字理论研究的重要进展：评孙雍长〈转注论〉》，载《语文建设》1994年第7期，第42页。
③ 杨晓波在探讨转注英译时也采用了孙雍长的解释。参见：杨晓波：《论〈说文解字叙〉中的术语英译——以K. L. Thern的评注式译本为例》，载《中国翻译》2015年第3期，第105—109页。
④ 孙雍长：《转注论：汉字孳乳之大法》（增补本），语文出版社2010年版，第35页。
⑤ 孙雍长：《转注论：汉字孳乳之大法》（增补本），语文出版社2010年版，第30—31页。

"意符付け"。接着,依据许慎"建类一首,同意相受"的解释来对其进行释译。"建类一首"即依据事物类别确立一个象征它的偏旁部首,笔者译为"類によってある部首を確立し",福本与远藤也大致如此翻译。"同意相受"这个短语福本与远藤皆按字面直译,福本译为"同じ意味のがそれをうけること",该译文未指明"同意"的究竟为何,"相受"的又是什么;远藤译为"同じ意味の字が受けることである",这一译文有些偏离原意。此外,《广辞苑》与《新汉日词典》也按字面意义来解释"转注"。前者将"转"理解为转移,因此将转注解释为意义从一个汉字转移至另一个汉字;后者将"转"理解为转换,因此将转注解释为将两个汉字进行互释。笔者赞同孙雍长的解释,增译了隐含信息,指明了"同意"的是相同类别的部首,"相受"的对象是表音的假借字,整句话可以译为"類によってある部首を確立し、(その部首の)意を(仮音字に)授けるもの"。综上所述,我们可将"转注"的许慎释文、日本现有释译、笔者的释译与训译汇总于表5.5。

表5.5  "转注"的许慎释文、现有释译及笔者的释译与训译

| 许慎释文 | 译本 | 现有释译及参考译文 |
|---|---|---|
| 建类一首,同意相受 | 福本译本 | 類を建て首字を一つにして、同じ意味のがそれをうけること |
| | 远藤译本 | 類を建て首を一にして、同じ意味の字が受けることである |
| | 广辞苑 | ある漢字の本来の意義を他の近似した意義に転用すること。字音を変えるのを普通とする |
| | 新日汉词典 | 同義または類義の文字を用いて互いに解釈し合うこと |
| | 参考释译 | 類によってある部首を確立し、(その部首の)意を(仮音字に)授けるもの |
| | 参考训译 | 意符付け |

形声,顾名思义即意符与声符相结合,许慎解释为"以事为名,取譬相成"。"名"指标识意义的意符,"譬"指读音相似的音符,将两者结合便是形声字。形声字在构形上与转注字相同,那么如何区分两者呢?按照孙雍长对转注的解释,两者最大的区别在于前者"是一种创造新字的方法","必须提供两大构型要素,即'名符'和'音譬'",而后者"是一种改造旧字的方法",即在原

有假借字的基础上"只提供一个构型要素即'类首'就可以了"。[①]"形声"二字在日语中的意思与中文意思相同，但笔者统一训译为"意音合せ"。接着来讨论形声的释译。除福本译本外，其他译本的释译基本是可取的。福本将"以事为名，取譬相成"译为"事（音符）を名とし、譬（意符）をとってできたもの"，显然将"事"与"譬"颠倒了。笔者的释译为"（ある概念を象徴する符号）意符を標識とし、（その概念の発音と類似する）音符を取り、それらを組み合わせるもの"。较之其他译本，笔者的释译更明确地指出了意符与音符的来源。综上所述，我们可将"形声"的许慎释文、日本现有释译、笔者的释译与训译汇总于表 5.6。

表 5.6 "形声"的许慎释文、现有释译及笔者的释译与训译

| 许慎释文 | 译本 | 现有释译及参考译文 |
|---|---|---|
| 以事为名，取譬相成 | 福本译本 | 事（音符）を名とし、譬（意符）をとってできたもの |
| | 远藤译本 | 物事に対して命名して形とし、譬を用いて声として出来あがっている |
| | 广辞苑 | いくつかの漢字結合し、一方を発音の記号、他方を意味範疇の記号として、全体の字義を導き出す方法 |
| | 新日汉词典 | 漢字"形旁"と"声旁"の二つの部分から構成される。"形旁"は字の意味に、"声旁"は字の発音に関係する |
| | 参考释译 | （ある概念を象徴する符号）意符を標識とし、（その概念の発音と類似する）音符を取り、それらを組み合わせるもの |
| | 参考训译 | 意音合せ |

综上所述，训译是较零翻译和释译更为有效的典籍术语的日译方式。三者应对的场合与目标读者皆不同，因此须因地制宜才能发挥翻译的最佳效度。零翻译的术语仅适合具有一定汉学基础的学者等专业人士，对于现代的普通读者而言，零翻译等于未译，有时甚至易误导读者；释译可对原文进行较为详尽的阐释，但因其篇幅较长，故只适用于对零翻译或训译作注释。零翻译与释译是典籍术语日译的常用方式，而典籍日译中常用于语篇翻译的训

---

① 孙雍长：《转注论：汉字孳乳之大法》（增补本），语文出版社 2010 年版，第 122 页。

译,却鲜用于术语的翻译。训译因保留了术语的简短形式,故适用于正文等篇幅有限的情况,但也存在对原文的阐释力度有限的欠缺。本书以日本当代普通读者为对象,采用训译与释译相结合的方式对中国小学的重要概念"六书"各名目进行了翻译,一方面旨在推广未受重视的典籍术语日译的训译之法,另一方面则有助于汉字文化在日本的有效传播。

# 第六章

## 《说文解字叙》的"深度翻译"实践

---

## 第一节　汉字的起源

【概说】

　　许慎《说文解字叙》大致涉及了五方面内容,本书也依此将这篇长叙分成五个部分加以解读。《说文解字叙》是一篇研究汉字的系统论述。对某一事物的系统研究总免不了考察其源流,即它是如何起源,又是如何发展的,并在这基础上对其未来进行展望。这是从古至今学术研究的经典范型,许慎的这篇叙便是这一典型。他在开篇即讨论了汉字的起源,紧接着勾勒了从周代到秦代再到汉代的汉字演变史,最后驳斥了汉代俗儒尊隶书而反对古文的错误态度,同时也表明了自己编写《说文解字》及撰写此叙的真正目的,即呼吁从古文来认识汉字。

　　许慎认为汉字从萌芽到创制经历了三个阶段:伏羲作八卦——神农结绳记事——仓颉造书契(即真正意义上的文字)。对于汉字起源的这些解释并非许慎的独创,在更早的文献中都可以发现这些记载,许慎接受了这些说法,并在开篇引用了《易·系辞下》。伏羲、神农与仓颉(图6.1为传说中的仓颉像)都是神话中的人物,这赋予了汉字神秘与神圣之感。然而,将汉字的创造归功于几位神话人物,自然不能让具有科学头脑的现代人信服。虽然汉字的起源至今仍是个谜,或许永远不能解开,但我们相信,汉字绝非某个人,更非某个神灵的徒手创造,它是人民大众在漫长的实践中集体创造的,又在不同时代经过了整理与改革。这些工作应该是当时的一些知识权威所为,他们很可能是掌握着通神之术的巫师,后世不知其名,便将他们的功绩归在了伏羲、神农、仓颉这几位中华文化始祖的名下。

图6.1 传说中的仓颉像(拍摄于中国文字博物馆)

读这段文字,我们大可不必在意伏羲是否真的创造了八卦,神农是否真的发明了结绳记事,仓颉是否真的创造了书契,而应该去探寻八卦、结绳记事与书契之间的演进关系。神话与传说未必全是荒诞不经的,它们有一定的现实依据,从中我们应当能获取一些关于汉字诞生的启示。这些启示我们会在下文详细讨论。

【原文】

古者庖羲氏之王天下也[1],仰则观象于天,俯则观法于地[2],视鸟兽之文与地之宜[3],近取诸身,远取诸物,于是始作《易》八卦,以垂宪象[4]。

【注释】

(1)庖羲氏:即伏羲(或伏牺),又名宓羲、庖牺(或包牺)等,上古神话人物,三皇之首,人首蛇身,与女娲兄妹相婚,生儿育女。相传他一画开天(是我国文献记载最早的创世神),创立了八卦,发明了文字,变革了婚俗,并教百姓以渔猎与音乐,被誉为华夏人文始祖。

王(wàng):统治,治理。

(2)象:天象,星象。

法：法相，这里指地形。

（3）文：纹理，花纹。

地之宜：适宜生长于地上的种种事物，一般解释成各种植物。有些版本作"天地之宜"，因此有的学者将"天地之宜"与"鸟兽之文"联系在一起解释，认为整句话的意思是：观察鸟兽身上的纹理及它们与天地的适应关系。本书倾向于第一种解释，并赞同孔颖达的观点："仰则观象于天，俯则观法于地者，言取象大也。观鸟兽之文与地之宜者，言取象细也。大之与细，则无所不包也。地之宜者，若《周礼》五土动物植物，各有所宜是也。"

（4）相传伏羲创立了八卦。八卦是《易经》中八种基本图形，分别象征八种自然现象。每一图形由三个符号（称为爻）构成，阳（━）爻与阴（╸╸）爻经排列组合，构成八卦，两个八卦上下叠加，又演化为六十四卦。据传说六十四卦为周文王所演。

垂：垂示。

宪象：法象。

【日语注释】

（1）庖犠氏：伏犠、宓羲、包犠などとも書かれる。古代中国神話に登場する人物であり、三皇（庖犠、神農、女媧）における最も偉大な人物である。人間の頭を持ち、身体は蛇の姿をしている。妹の女媧と結婚し、この二人が人類の祖であると伝えられている。中国では、庖犠が八卦を創る際に、最初の一画で天を開き、そして文字を創り、婚姻習俗を改革し、一般庶民に狩りや漁の技術、及び音楽を教え、中華文明の発祥に大きく貢献したという伝承が語られている。

王：（天下を）統治する。管理する。

（2）象：天文現象、天象。

法：地形。

（3）文：「紋」と同じ。模様、図案の意味。

地之宜：土地に適応して生息している事物。一般的に各種の植物のことを指す。「天地之宜」という版も見られるため、「天地之宜」を「鳥獣之文」と関連付けて「鳥や野獣の身体の模様、及び天地との適応した関係を観察する」と解釈する学者もいる。

（4）庖犠によって「八卦」が創られたという伝説がある。「八卦」は『易経』における八種の図のことであり、乾（けん・☰）、兌（だ・☱）、離（り・☲）、震（しん・☳）、巽（そん・☴）、坎（かん・☵）、艮（ごん・☶）、坤（こん・☷）の八つをいう。それぞれは八種の自然現象を象徴する。各図には陰（⚊）と陽（⚊）の爻（こう）との3本を重ねることによって作られたものである。次にそれらを互いに重ねて64種類にしたものが、「64卦」であり、周の文王によって創られた。

　　垂：示す。

　　憲象：法象。

【今译】

　　上古之时，伏羲统治着天下，（他）仰头观望天象，俯身考察地理，并观察鸟兽身上的纹理及大地上适宜生长的各种植物，从近处取法人的自身（作象征），从远处取法自然万物（作象征），于是开始创立《易经》的八卦，用这些卦象来垂示（人间吉凶之）法相。

【日译】

　　昔、庖犠氏という神は天地を支配していた。庖犠氏は空を仰いで天文現象を観測し、地に俯して地形を考察した。鳥や野獣の身体の模様や土地にこんもりと茂っている植物を観察することで、近くは自身の身体から象徴を取り、遠くは自然の万物から標を取り、『易経』の「八卦」を創始し、それにより（人間の吉凶禍福）を世間の人々に示した。

【日译解析】

　　"仰则观象于天，俯则观法于地"中的"天"与"地"实则指天象与地理，"地理"一词在现代日语中虽有土地样貌的含义，但只用作学科名词，且不会与动词"考察する"搭配，故译文中将"地理"译为"地形"与动词"考察する"搭配。"视鸟兽之文与地之宜"中的"宜"意为"适宜、适合"，"地之宜"是指适合在大地上生长的各种植物。远藤译本中将此处译为"地上の美しいさ"，这与原文意义不符；福本译本将该处译为"土地の適否"，虽为直译，但从前后文来看容易被理解为"观察土地是否合适"，原文中观察的宾语"植物"并未有所明示，也与原文意思有所偏离。本译文将该处译为"土地にこんもりと茂っている植物"，意为土地上繁茂生长的植物，将"宜"转译为"繁茂生长的"对于读者来说更为容易理解。

**【原文】**

及神农氏,结绳为治,而统其事[1],庶业其繁,饰伪萌生[2]。黄帝之史仓颉[3],见鸟兽蹄迒之迹,知分理之可相别异也,初造书契[4]。"百工以乂,万品以察,盖取诸夬"[5];"夬:扬于王庭"[6]。言文者宣教明化于王者朝廷[7],君子所以施禄及下,居德则忌也[8]。

**【注释】**

(1)神农氏:即炎帝,三皇之一,远古传说中的太阳神,人身牛首。据传其为农业和医药的发明者,他遍尝百草,并教人医疗与农耕,被世人尊称为"药王""地皇""五谷王"等。

结绳:即结绳记事,《易·系辞下》载:"上古结绳而治,后世圣人易之以书契。"上古之人采用在绳子上打结的方法来记录各类事情,一般会用到好几根绳子,往往以其中之一为主绳,绳子的颜色、材质、打结的方式、结的大小多种多样。

(2)庶业:众多事业。

庶:众多。

其繁:极其繁多。

其:同綦,极其之意。

饰伪:掩饰作伪。

(3)黄帝:本姓公孙,后改姬姓,名轩辕。他是古华夏部落联盟的首领,中国远古时代华夏民族的共主。有的历史文献将其列为三皇之一,有的将其列为五帝之首。

仓颉(jié):黄帝左史官,被誉为造字圣人。传说中的仓颉"龙颜四目,生有睿德"《淮南子·本经训》有"昔者仓颉作书,而天雨粟,鬼夜哭"的记载。

(4)蹄迒(háng):蹄爪之痕迹。

迒:(鸟兽的)脚印。

分理:纹理。

别异:区分。

书契:这里泛指文字。书契原指文书契约,流行于简牍为主要书写载体的时代,双方在竹片或木片上刻字立约后,一式两份,并在一边刻上一定数量的齿,双方各执其一,以便核验。类似今天盖骑缝章的作用。

（5）这三句引自《易·系辞下》，原文一般作："百官以治，万民以察，盖取诸夬。"

百工：百官。

乂(yì)：治理。

万品：万物。

察：明也。

夬(guài)：《易经》第四十三卦，乾(☰)下兑(☱)上。兑为小木，乾为金，金指刀，意为刀刻木简记事。《彖》曰："夬，决也，刚决柔也。"因此夬亦有决断之意。综合起来看，此句意为用文字断明事理。

（6）此句引自《易·夬卦》卦辞，孔颖达疏："发扬决断于王者之庭。"

扬：发扬。

王庭：朝廷。

（7）宣教明化：宣扬教令，倡导风范。

（8）此句引自《易·象》对"夬"卦的解释。

君子：此处指君王。

施禄及下：施恩泽于百姓。

居德则忌也：若（君王）居积恩德（而不施），必被（百姓）憎恶。

居：积也。

忌：憎恶。

【日语注释】

（1）神農氏：神話における「人身牛首の太陽神」の炎帝のことで、中国古代の三皇の一人である。神農氏は鍬などの農具を発明して五穀を撒いて庶民に農業を教え、また、百草をなめて薬草を見分けて医薬の道を開いたと伝えられている。中国の医薬、農業の祖として崇敬され、「薬王」、「地皇」、「五穀王」などと称賛されている。

結縄：縄の結びによって物事を記録する方法である。周易の『繫辞・下伝』には「上古結縄而治，後世聖人易之以書契。」即ち、古代の人は縄の結びで様々な情報を伝達し、物事を記録する。何本もの縄を用いることもあり、縄の色、原材料、結び方、結びの大きさはそれぞれ異なる。

（2）庶業：もろもろの業務。

庶：もろもろの様子。

其繁：極めて繁雑。

其：「綦」と同じ、極めての意味。

飾偽：ここでは名詞として使われている。誤魔化しや偽りの意味。

（3）黄帝：本姓は「公孫」、その後「姫」という姓に変え、名は「軒轅」である。漢民族最初の統一国家を建設したと言われる。文献により、中国の五帝の第一人であるという説もあり、三皇の中の一人であるという説もある。

倉頡：黄帝の史官であり、「漢字の聖人」と呼ばれる。伝説によると、倉頡は顔に四つの目をもつ人物であったという。

（4）蹄迒：足や爪などの跡。

迒：（鳥や野獣の）の足跡。

分理：「紋理」と同じ。

別異：区別、区分。

書契：ここでは文字のことを指す。そもそも簡牘（竹や木の札）が主に書く道具として多く使われていた時代において、契約を結ぶ双方は竹や木の札に字を刻んで、簡牘の片側にのこぎりの歯のように刻んだ後、それぞれに持つようにする。その後、これが、約束の手形となるものである。即ち、契約書の一種である。

（5）この三つの文は、『易経・系辞下』から引用されたものである。

百工：百官。

乂：治める、管理する。

察：明らかにする。

夬：64卦の一つであり、卦の形は☱であり、乾下兌上（けんかだじょう）で構成される。兌は小さい木の札で、乾は金で、刀の意味をする。組合わせて、刀で木簡に記録する意味である。夬は決断の意味もあるため、この文は「文字で物事を明確に判断する」という意味で解釈する。

（6）揚：発揚する。提唱し盛んにする。

王庭：朝廷。

（7）宣教明化：教化を宣明する。

（8）君子：君王、帝王。

施禄及下：庶民に恩恵を施す。

　　居德则忌：もし（君王）が一人で恩恵を蓄え、庶民に施さないと、必ず（庶民）に忌み嫌われるに違いない、という意味である。

　　居：蓄える。

　　忌：忌む。

【今译】

　　神农氏的时代用结绳记事之法来治理社会，管理各种事务，而行业众多，事务极其繁杂，掩饰作伪之事也就发生了。黄帝的史官仓颉，看到鸟兽的足迹，悟到了纹理之有别，因而开始创造文字。(《易·系辞下》说：)"（自从有了文字，）百官就得以治理政务，（百姓）就得以明察万物，这大概是取意于'夬'卦。"（"夬"卦的卦辞说：)"夬意为决断：应发扬决断于王者之庭。"这话的意思是，文字有助于君王在朝廷宣扬教令，倡导风范。(《易·象》对"夬"卦这样解释：)"因此，（君王）若居积恩德（而不施），必被（百姓）憎恶。"

【日译】

　　神農氏の時代に至り、縄を結って物事を記録するという方法で社会を治め、諸事を統括したが、もろもろの業務が極めて繁雑となり、誤魔化しや偽りのようなことが多くなってきた。黄帝の史官倉頡は、鳥や野獣の足跡を見、その模様の差異から物事が弁別できると悟り、そこで初めて文字を創った。(『易経·系辞·下』曰く：)「（文字が誕生してから）官僚たちは業務をうまく治めること、そして（庶民は）物事をはっきり見分けることができるようになった。（この文字の働きは）『易経』の夬卦から意を取っただろう。」(「夬」の卦辞が曰く：)「夬は決断という意味で、決断を朝廷で明示すべきだ。」即ち、文字というものは朝廷において教化を宣明するのに有益である。(『易経·象』において夬卦についてこのように解釈した)「そのため、もし君王が一人で恩恵を蓄え、庶民に施さないと、必ず（庶民）に忌み嫌われるに違いない。」

【日译解析】

　　"饰伪"一词因汉字的"字本位"的特性，现代日本读者容易理解其"掩饰伪造"之意，而在现代日语中"飾る"虽有"装饰表面"之意，但并无掩饰的消极含义，若直接援用"飾る"一词则与原文含义有所偏差，且远藤和福本两译本均将该词译为"飾る"与"偽る"两个动词组合而成的复合词。此法在中日翻译中较为常见，但往往易忽视词语在日文中的不同含义。如远藤译本将其译

为"偽り飾る",该词在日语古文中偶有出现,如德川家康的名言"心正しければ善と知る、少しも偽り飾ること勿れ"。福本译本将其译为"飾り偽る",但该词在日语中并不存在。可见,这样的汉字词在翻译过程中仅将其译为日语中相应的和语词的复合词,往往并非是有效的翻译。"掩饰"在日语中的对应表达应为"誤魔化す","伪造"即"偽る",为使译文更贴近现代日语的表达习惯,故本译文将其训译为"誤魔化しや偽りのようなこと"。

另外,"君子所以施禄及下,居德则忌也。"中的"居"为居积、蓄积之意,两译本均译为"独占"之意,并未体现出"蓄积"的含义,故笔者将该词译为"蓄える",前面以"一人で"这一限定语来表示君子独享恩惠之意。两句的关系体现在"则"一词,即"如果……就会……"前半句为后半句的条件,故笔者以表示条件的助词"と"连接两句。两译本均受"所以"一词影响,将这两句译为因果关系,而忽略了后半句的"则"的含义。如福本译本将该句译为"君子が恩恵を下に施すわけは、利得を占有することを忌むからである";远藤译本译为"君子は恩恵を庶人に施す理由であり、一人君子のみが恩恵を独占することをしないのである"。

**【难点解说】**

关于文字的发明,有各种传说。有的传说认为是伏羲发明的,他发明了用来象征世间万物的八卦,汉字就源于这些八卦符号。仓颉造字是流传最为广泛的汉字起源说,且在古代典籍中较为常见。如《吕氏春秋·审分览·君守》记载:"奚仲作车,仓颉作书,后稷作稼,皋陶作刑,昆吾作陶,夏鲧作城,此六人者,所作当矣,然而非主道者。"《韩非子·五蠹》记载:"古者仓颉之作书也,自环者谓之厶,背厶谓之公,公厶之相背也,乃仓颉固以知之矣。"《淮南子·本经训》记载:"昔者仓颉作书,而天雨粟,鬼夜哭。"秦相李斯编撰的识字读本中的第一句便是"仓颉作书",因此该书名为《仓颉篇》。但我们今天认为,汉字的产生并非靠一人之力所能完成的,汉字应是上古时期的劳动人民经过了漫长的岁月,在日常生活与劳动中创造出来的。

关于造字的传说还有结绳说,此说见于《易·系辞下》:"上古结绳而治,后世圣人易之以书契。"事大将绳子打成大结,事小则打成小结,并以绳子的种类和颜色区分事物。结绳记事虽是符号的应用,不过离书写符号的发明,仍有很长一段路要走。

《〈尚书〉序》(作者一说为孔安国,也有认为是孔颖达)云:"古者伏牺氏之王天下也,始画八卦,造书契,以代结绳之政,由是文籍生焉。"此处将结绳说置于伏羲八卦之前,认为先有八卦,继而有了文字,最终替代了结绳。此说虽与许慎的"八卦—结绳—文字"之说有异,但两者都认为书契的发明要晚于结绳,而且都是用来代替结绳的。

　　无论是伏羲的八卦,还是神农时期的结绳记事,或是仓颉的造字,这些传说既在民间流传,也有史料记载。它们的真实与否其实已不重要,即便是虚构,也至少为后世呈现出了文字初造之景象。初造的文字只是文字的雏形,而真正的文字,是许慎在下文中所描述的"文"与"字"。

**【原文】**

　　仓颉之初作书,盖依类象形,故谓之文<sup>(1)</sup>。其后形声相益,即谓之字<sup>(2)</sup>。文者,物象之本;字者,言孳乳而浸多也<sup>(3)</sup>。著于竹帛谓之书。书者,如也<sup>(4)</sup>。以迄五帝三王之世,改易殊体<sup>(5)</sup>。封于泰山者七十有二代,靡有同焉<sup>(6)</sup>。

**【注释】**

　　(1)依类象形:依照物类而画成其形。

　　文:同纹,意为纹理、图案,这里的"依类象形"泛指表意,因此"文"指的是指事、象形和会意字。

　　(2)形声:形符与声符。

　　相益:相叠加。

　　形声相益:指形声与转注这两种造字法,以此创制的被许慎称为"字"。

　　(3)物象之本:事物之形体的本来面貌。

　　孳乳:孳生,派生。

　　浸多:逐渐增多。

　　浸:逐渐。

　　(4)竹帛:竹简与白绢,是纸发明以前的主要书写载体。

　　如:贴近,相似。这里的意思不是说书者如其物状,因为书于竹帛者,当包含"文"与"字",而只有"文"才能如其物状。因此这句话宜理解为:书写应贴近或遵循一定的形式与法则。

　　(5)以迄:直到。

　　五帝:五帝有多种说法,一般采用《大戴礼记》与《史记》的说法,指黄帝、颛顼(zhuān xū)、帝喾(kù)、尧、舜,他们是上古传说中华夏民族的五位部落首领。

三王：实际上指历史上三个朝代的四位帝王，即夏朝第一位帝王大禹，商朝第一位帝王商汤，周朝奠基者周文王与西周建立者周武王。

殊体：不同的字体。

（6）封于泰山：即封禅仪式。上古受命帝王皆举行封泰山与禅梁父山的仪式，以祭祀天地。封禅必刻石以记其事，而刻石文字自然是"改易殊体"与"靡有同焉"的。

有：又。

靡：无。

【日语注释】

（1）依類象形：物の類別によってその形を描きあげる。

文：「紋」と同じ、紋様、図案の意味であり、ここの「依類象形」は表意のことを指すため、この「文」は指事、象形、会意の文字のことである。

（2）形声：形符と声符のこと。

相益：組み合わせ。

字：形声或いは転注によって創られた漢字のことを指す。これらの造字法により創られた文字は「字」という。

（3）物象之本：物事の本来の様子。

孳乳：繁殖する。増える。派生する。

浸多：しだいに増える。

浸：しだいに。少しずづ。だんだんと。

（4）竹帛：竹の札と白絹のこと。紙が創られる前の主な筆記用具。

如：類似する。ここでは、竹の札や白絹に書いた物は、「文」と「字」を含んでいるが、「書」は「文」と「字」のような書いた物を指すため、この文は「『書』とは（その物の）形や構成の法則に沿って書くものである」と訳したほうがいい。

（5）以迄：まで。

五帝三王：五帝について諸説があり、司馬遷『史記』と皇甫謐『帝王世紀』における記載が最も一般的に使われている。『史記』では、黄帝（こうてい）、顓頊（せんぎょく）、帝嚳（ていこく）、帝堯（ていぎょう）、帝舜（しゅん）を五帝としている。『帝王世紀』では小昊（しょうこう）、顓頊、帝嚳、唐堯（とうぎょう）、虞舜（ぐしゅん）を五帝としている。三王とは、夏（か）の禹王（うおう）、殷（いん）の湯王（とうおう）、周（しゅう）の文王（ぶんおう）または武王（ぶおう）のことである。

　殊体：異なる字体。

　（6）泰山に封ずる者：泰山で天地を祀る儀式。歴代天命を受けた皇帝は「封」は土を盛り壇を造って天を祀ること、「禅」は地をならして山川を祭ることをいう。その行事を必ず石に刻むことになっていた。

## 【今译】

仓颉最初创制文字时，大致是依照物类而画成其形，因此称为"文"。随后形符与声符相结合，便造出了所谓的"字"。"文"表示的是事物之形体的本来面貌，而"字"则是（从"文"）派生而逐渐增多的。写在竹简与白绢上的（文字）叫作"书"，"书"的意思是按一定的形式与法则书写。经历了"五帝"与"三王"的年代，（文字）的字体已有了改变。（所以）在泰山祭祀天地的七十二代君主，（其刻石以记封禅之事所用的字体）没有相同的。

## 【日译】

　倉頡が初めて文字を創った際は、おそらく物の類別に基づき、その形を象った。故に、それを「文」と称した。その後、（文字の）形符と声符の組み合わせによって創られた文字を、即ち、「字」と称した。「文」というのは、物の姿の根本であり、「字」というのは、（「文」から）生まれて次第に多くなるものである。竹や絹に書きつけたもの（文字）を「書」と言われたが、「書」は（その物の）形や構成の法則に沿って書くものである。「五帝」と「三王」の時代に至り、（文字の）字体が既に変わってきたので、泰山で天地を祀る儀式を行う七十二代の君主は、（彼らが石に封禅の事を刻むために使った字体は）同じものが一つもない。

## 【日译解析】

"形声相益"中的"相益"为形旁与声旁互相叠加之意，是指在"依类象形"的"文"出现后，又出现了形旁与声旁互相组合的"字"。而福本与远藤两译本中均理解为"形声字增加"的含义，与原意有所偏差。本译文将该句译为"（文字の）形符と声符の組み合わせ"。

"书者如也"一句的含义如注释所示，"如"在该句应理解为贴近或遵循（一定的原则），而福本译本则译为"書とは〔その物の〕如しの意で"，意为所谓的书,就像其代表的物的含义;远藤译本则译为"書とは如の意で",意为所谓的书,就如其意。两译本将"如"按照"像"来理解,并没有理解文中的"书"包含"文"与"字"的含义,而"书"则是按照一定的法则和规律书写的文字,故两译本的这句翻译与原文不符。本译文则译为"「書」とは(その物の)形や構成の法則に沿って書くものである"。

"封于泰山者七十有二代,靡有同焉。"一句中省略的信息较多,若直译则易造成读者的困扰,福本译本中将该句译为"泰山に封ずるもの、七十二家のうち、同じものが一つもない",译者将"封"字直接以"封ずる"对译;远藤译本中译为"泰山に封禅の儀式を行なう者は七十二代あったが同じものはなかった"。但对于中国古代文化较为生疏的日本现代读者来说无论是"封ずる"还是"封禅"都较难理解,故在本译文中将其阐释为"天地を祀る儀式を行う"。此外,原文中"靡有同焉"省略了主语,实则是指刻在石碑上记录封禅所用的字体,在两译本中都没有将其解释清楚,故本译文中以文中加入括号的形式为该句添加了主语,译为"彼らが石に封禅の事を刻むために使った字体は"。

【难点解说】

《说文解字》,顾名思义说解的是"文"和"字",言下之意,"文"和"字"是有区别的。从许慎的解释来看,我们可发现"文"的特点是"依类象形"。"文"同"纹",本义为纹理、图案,因此许慎说"文者,物象之本"。"字"的特点是"形声相益",我们知道,"依类象形"造出的字毕竟有限,我们现在所用的大部分汉字其实都是形符和声符的结合,这类造字法最能产,因此许慎说"字者,言孳乳而浸多也"。那么,我们能否将"文"等同于指事字和象形字,将"字"等同于形声字和转注字呢?并且,能否进一步认为,"文"是独体字,而"字"是合体字呢?

我们先来看段玉裁对这几句话的注解:"依类象形,谓指事、象形二者也,指事亦所以象形也。文者,遣画也。遣道其画而物象在是,如见远而知其为兔,见速而知其为鹿也。""形声相益,谓形声、会意二者也。有形则必有声,声与形相龃为形声,形与形相龃为会意。其后文与文相合,而为形声为会意,谓之字。""文者,自其有形言之;字者,自其滋生言之。""析言之,独体曰文,合体曰字;统言之,则文字可互称。"段玉裁的说法影响极大,几成定论,但细辨起来还是有些问题的。"形声相益"的意思应该是形符搭配声符,而段玉裁认为这句话意味着"形声、会意二者也"。我们知道,会意字是两个表意的字符合并而成的新字,所以会意应该是"形形相益"而非"形声相益"才对。

那么,"文"和"字"究竟如何区分呢?笔者比较赞同马叙伦的观点,他认为:"指事、象形、会意三书,实皆属于形系;形声、转注、假借三书,则属于声系。形系者,即此所谓依类象形故谓之文;声系者,即此所谓形声相益之字。"马叙伦的观点中有一点笔者持保留意见,即不能将形声、转注、假借皆归为声系。既然许慎明确说"形声相益,即谓之字",那么所有的"字"应属于形声系,即属于形声字与转注字,而非只表声不表形的假借字。假借字的情况比较特殊,且这一造字法在转注与形声出现后受到压制,中国人骨子里是排斥纯粹的表音文字的。马叙伦的初衷是让"文"与"字"恰好体现"六书",然而这未必是许慎的初衷。即便"文"与"字"只体现"六书"之五种(何况是最重要的五种),又何妨呢?

其实我们应该宽泛地来理解"依类象形"与"形声相益",前者泛指表意,后者泛指音意结合。表意造字法包含指事、象形与会意,表意的特点是通过眼睛看便可识别字意,因此表现的是"物象之本";音意结合的造字法包含形声与转注,它比表意造字法更能产,我们现在所用的汉字中一大半都是音意结合的,因此许慎谓之"孳乳而浸多也"。这样一来,"文"未必是段玉裁认为的独体字(会意字非独体字),"字"倒肯定是合体字。

许慎接着说,"著于竹帛谓之书,书者如也",那么"书"指的又是什么呢?它与"文""字"的区别又何在呢?"竹帛"指的是竹简与白绢,是纸发明以前的主要书写载体,写在竹帛上的,固然不是"文"就是"字",因此"书"首先应当包括"文"与"字"。其次,"书者如也","如"是贴近与相似的意思,那么究竟贴近什么?又与什么相似呢?参照向夏编著的《说文解字叙讲疏》中的观点,笔者认为,这里指的其实是贴近或遵循一定的形式与法则。因此,"书"的意思是按一定的形式与法则书写。

# 第二节　汉字的构形

【概说】

许慎这篇叙文是以时间顺序展开的,开篇讲的是远古时候的文字起源,这里开始讲周代的情况。这部分很短,但许慎在这里阐释了"六书"这一汉字文字学上极为重要的概念,因此它是全文最重要也是最难解读的部分。"六书"即六种汉字的造字法则,它们不是许慎第一个提出的,但他却是第一个详细阐释并提供字例的。"六书"在先于《说文解字叙》的典籍中早有记载,然而,各种典籍中记载的"六书"名称与排序不尽相同。许慎综合各家观点,最终给"六书"定名并排序为"指事""象形""形声""会意""转注"和"假借",又逐个下了定义,并提供了字例。因此,许慎的"六书"流传最广,影响最深。我们一提起"六书",总是最先想到许慎,而不是班固或郑众,尽管他俩论及"六书"在先。

许慎虽然对"六书"进行了阐释,但他的阐释同样留给后人许多悬而未决的问题。这段文字之所以令人困惑,主要有以下两个原因:第一,许慎下定义采用的是两个四字句构成的文体,虽然在修辞上获得了美感,却束缚了思想的表达。对造字法则的描述是复杂且困难的,不可能刚好塞入两句八个字的格式。第二,许慎的定义中,很多背景知识和言外之意在当时是自明的,大家约定俗成这么理解,无须多说。而随着时代更迭,脱离了当时的语境,这些定义便被笼罩上了一层迷雾。

最令人困惑的是以下三个问题:(1)许慎对"六书"的排序有何依据?尤其是,许慎为何要将指事放在第一位,而不像班固和郑众那样将象形放在第一位?这是否预示着造字始于指事,而非象形?(2)许慎将"指事"定义为"视而可识,察而见意",这一定义看似也适用于"象形"与"会意",那么,许慎为何用它来定义"指事"?(3)究竟什么是"转注"?这可谓"六书"中最大的疑团,至今仍争讼不已。分析"转注"或概述历来对"转注"的各家观点,需要庞大的篇幅,这超出了本书的范围与笔者的能力,因此只能简说。笔者十分赞同孙雍长先生的转注观,这在本书第二章与第五章都有论及。

**【原文】**

《周礼》:八岁入小学,保氏教国子先以六书[1]。一曰指事。指事者,视而可识,察而见意,上下是也[2]。二曰象形。象形者,画成其物,随体诘诎,日月是也[3]。三曰形声。形声者,以事为名,取譬相成,江河是也[4]。四曰会意。会意者,比类合谊,以见指撝,武信是也[5]。五曰转注。转注者,建类一首,同意相受,考老是也[6]。六曰假借。假借者,本无其字,依声托事,令长是也[7]。

**【注释】**

（1）《周礼》：又名《周官》，儒家经典，十三经之一，与《仪礼》和《礼记》合称"三礼"。传为周公旦所著，但实际可能成书于战国时期，由多人编撰而成。该书详细记载了先秦社会的政治、经济、文化、风俗与礼仪。

小学：指初等学馆，类似今天的小学。

保氏：古代负责劝谏君王、教育王族子弟的官员。

国子：王族子弟。

六书：即下文讨论的六种汉字造字法则。

（2）指事：这是一种抽象的造字法，少数指事字直接用一种抽象的符号来表示某一意思，多数则是在象形字的基础上增减笔画或符号。指事字比较直观，一般一看便能认识，故称其"视而可识，察而见意"。

（3）象形：指用线条大致勾画所要表达的事物外形的造字方法。

随体诘（jié）诎（qū）：随事物的形状而曲折。

体：事物之形体。

诘诎：曲折。

（4）形声：形声是按某一事类的音和义，分别取一音符和义符，使两者结合的造字法。

以事为名：以该事类特征为名号。

事：事物类别。

名：名号，即特征之标志。

取譬相成：取一个读音相近的字为音符，并与义符结合。

譬：相近之音。

相成：相结合。

（5）会意：指合并代表不同事类的字以生成新字的造字方法。

会：会合，合并。

比类：把代表不同事类的字比联在一起。

比：放置在一起。

合谊：把意义结合在一起。

谊：意义。

指撝（huī）：即指挥，这里指意义之所指。

（6）转注：转，移也；注，附，属。转注就是确立某一事物类别，找一个代表该类别的意符,并将其移附到另一个作为字根的字上。

　　建类一首:立一个类首字来区分该事物的类别。

　　类:事物的类别。

　　首:代表该事物类别的类似于部首的字。

　　同意相受:将代表该字类别的意符授予一个字根。

　　同意:相同的事类。

　　受:兼受与授两意,对于表示类别的意符来说是授,对于字根来说是受。

　　(7)假借:这是一种表音的造字法,即原本没有为某一意造字,于是按照其叫法找一个同音字来代替。

　　依声托事:靠同音字来寄托事物的含义。

**【日语注释】**

　　(1)『周礼』:『周官』とも言う。儒教の名文で、「十三経」の一つであり、『儀礼』と『礼記』と併せて「三礼」の一つに挙げられる。周公旦(前12世紀)が周王朝の太平を築いた制度を記録したものだという説もあり、戦国時代にできたものだという説も、多くの人によって述べられている。その中には先秦の社会の政治、文化、風習及び礼儀などについて詳しく記載されている。

　　小学:ここでは初級の塾を指す。現代の小学校と同じ機構。

　　保氏:古代の帝王を諫める官職。王族の子供を教育する官職。

　　国子:王族の子供。

　　六書:六つの漢字造字法。

　　(2)指事:抽象的な漢字の創り方であり、一部の指事文字は直接に抽象的な符号で意味を表すものもあるが、多くの指事文字は象形文字に筆画や符号を増やしたり減らしたりすることにより意味を表わすものである。指事の漢字はより直観的で観てすぐに、その意味がわかるため、「視て識る可く、察して意を見る」ということ。ここでは「物事指し」と訓訳する。

　　(3)象形:物の形を大まかにかたどることによって物事の意味を表す漢字の創り方である。ここでは「形象り」と訓訳する。

　　随体詰詘:物事の形に沿って線を曲げる。

　　詰詘:折れ曲がる、くねる。

　　(4)形声:言葉の意味範疇を表す義符にその言葉と同音(類音)の声符

を付すことによる漢字の創り方である。ここでは「意音合わせ」と訓訳する。

　　以事為名：物事の特徴を名とする。

　　事：物事の類別。

　　名：特徴の記し。

　　取譬相成：言葉の音に近い漢字を音符とし、意符と組み合わせる。

　　譬：近い音。

　　相成：組み合わせる。

　（5）会意：二字以上の漢字、及びそれぞれ漢字の意味を組み合わせることによる漢字の創り方である。ここでは「意合わせ」と訓訳する。

　　会：会合、合せる。

　　比類：異なる種類を代表する漢字を並べる。

　　比：並べる。

　　合誼：意義を組み合わせる。

　　誼：「義」と同じ。

　　指撝：指揮の意味で、ここでは意義の示すことである。

　（6）転注：ある物事の類を確立し、その類を代表する意符を取り上げ、それを漢字の構成要素としての文字に移転することによる漢字の創り方である。ここでは「意符付け」と訓訳する。

　　建類一首：物事の類別を代表する漢字を確立し、それによって物事を区別する。

　　類：物事の類別。

　　首：物事の類別を代表する漢字、部首。

　　同意相受：類似する漢字を代表する意符に字素を授ける。

　　同意：意味に近い物事。

　　受：受けると授かる。類別を表示する意符にとって「授かる」、字素にとって「受ける」という意味を取る。

　（7）仮借：既成の漢字を借り、それと同音或いは類音で意味の異なる別の言葉に転用し、字音のみを借りる漢字の創り方である。ここでは「音借り」と訓訳する。

　　依声托事：近い音の漢字に物事の意味を託する。

【今译】

《周礼》有这样的规定:(王族子弟)八岁进入初等学馆学习,保氏负责教育他们,首先教的是"六书"。(六书包括以下六种:)第一种叫指事,所谓指事,就是让人一看就能认识(那个字的构型),仔细考察就能了解它所体现的字义,"上""下"二字即属此例。第二种叫象形,所谓象形,就是指把(那个字所要表现的)物象画出来,(每一笔)随那一物的形状而曲折,"日""月"二字即属此例。第三种叫形声,所谓形声,就是以(某个字所要表现的)事物类别为名号(即挑选一个义符),再取一个读音相近的字为音符与前者结合在一起,"江""河"二字即属此例。第四种叫会意,所谓会意,就是指把代表不同事类的字比联在一起,把它们的意义也结合在一起,以此生成一个新的字,"武""信"二字即属此例。第五种叫转注,所谓转注,就是指确立事物的类别,(然后)将代表其事类的意符授予一个字根,"考""老"二字即属此例。第六种叫假借,所谓假借,就是指原本没有(为某一意)造字,而是按照其叫法,找一个同音字来代替,"令""长"二字即属此例。

【日译】

『周礼』には、(王族の子供は)八歳になると初級の塾に入り、漢字を学ぶことになり、保氏(王族の子供に教える官職)が生徒に教えるが、その最初は漢字の六つの造字法(「六書」)であると記してある。(「六つの造字法」というのは以下の通りである。)一に「物事指し」(「指事」)という。「物事指し」とは、(字の形を)見て物事を識別でき、察すればその意味が分かるもので、「上」・「下」がそれである。二に「形象り」(「象形」)という。「形象り」とは、物の形を(象って)画きあげ、その姿に随ってくねらせたもので、「日」・「月」がそれである。三に「意音合せ」(「形声」)という。「意音合せ」とは、物事(意符)を名とし、譬(音符)を加えてできたもので、「江」・「河」がそれである。四に「意合せ」(「会意」)という。「意合せ」とは、物事の類を象徴する符号を並べ、その意義を合わせることによって新しい字の意義を指し示すもので、「武」・「信」がそれである。五に「意符付け」(「転注」)という。「意符付け」とは、類によってある部首を確立し、(その部首の)意を(仮音字に)授けるもの、「考」・「老」がそれである。六に「音借り」(「仮借」)という。「音借り」とは、本来字のない物事に、同じ発音の字を借りて物事の意義を託すもの、「令」・「長」はそれである。

**【日译解析】**

"六书"是我国小学的重要概念,是文字学的核心术语。"六书"以及"六书"的名目对现代日本人来说已经较为陌生,若按照典籍术语日译的常用方法,如"零翻译"的方式,在现代日语中则易与原文意义产生偏差;若采用注释的方式,则不利于读者的连贯阅读。故本译文采用了中国典籍日译方式中语篇翻译常见的"训译"方法,即以最简短的形式对典籍中的术语进行阐释性翻译,此法比"零翻译"更具阐释性,比注释的方式更为简洁明了,可放在正文中。具体可参见本书第五章第二节。

**【难点解说】**

六书的名称与顺序问题,一直是学界争论的焦点。汉字构形的六书说并非许慎独创。从现存史料来看,"六书"这一总名最早见于《周礼·地官·保氏》:"掌谏王恶而养国子以道,乃教之六艺:一曰五礼,二曰六乐,三曰五射,四曰五驭,五曰六书,六曰九数。"至于六书的具体名目,西汉的刘歆与东汉的郑众都先于许慎提出过。刘歆的提法见《七略》(该书久佚,班固采了《汉书·艺文志》):"古者八岁入小学,故周官保氏掌养国子,教之六书,谓象形、象事、象意、象声、转注、假借,造字之本也。"郑众的提法见其对《周礼·地官·保氏》的注释:象形、会意、转注、处事、假借、谐声。许慎所列六书的具体名目为:指事、象形、形声、会意、转注、假借。六书目前虽有三个版本,但学界一般认为,虽然其名称稍有不同,但含义却是相同的。从文字上来判断,显然象事与处事即指事,象意即会意,象声与谐声即形声。认为六书三个版本的名称含义相同,是有根据的。首先,这些名称的叫法大致相同,也容易找到对应;其次,从师承来看(参见图3.2六书之传承),班固师从刘歆(因此直接将刘歆的说法采入《汉书·艺文志》),郑众之父郑兴是刘歆的弟子,许慎的老师贾逵之父贾徽也是刘歆门下弟子,因此刘歆、班固、郑众、许慎可谓是师出一家。

然而,六书的版本带给我们的最大困扰,不是名称,而是排序。三个版本对六书的排序不尽相同,这是学界一直争论的话题。当然,我们也可以认为其排序是任意的,并没有排序者的特殊意图在里面。不过,笔者认为,不论排序是不是任意的,至少将哪个排在首位,应该是有深意的,很可能体现了排序者对汉字起源的认识。刘歆与郑众都将象形置于六书之首,这也许意味着他们认为汉字的创制始于象形,这也符合常识的看法,因为图画具有直观性,可直接用作符号,文字的图画起源说也是流行较广的说法。然而,在许慎的六书说中,指事却被置于首位。许慎的六书说虽与其他几家具有师承关系,但经过他自己长期的观察与总结,很可能对汉字的起源形成了不同的认识,这在《说文解字叙》里也能得到印证。该文开篇便以伏羲作八卦、结绳记事为文字之初创。八卦以符号的形式象征世间事物,结绳记事则以结的大小、绳子的颜色等(实则也是一种象征性符号)传达事物的含义,两者均是以符号来指涉万事万物的,即许慎所谓的"视而可识,察而见意"。我们现在看到的史前时期陶器上刻画的种种符号(如半坡陶符),也许正是文字的雏形。因此,许慎将指事列于六书之首,也许是符合汉字发展规律的。

既然象形是一种直观的符号,那么为何许慎偏偏以"视而可识,察而见意"来定义指事,而非象形呢?指事字实际上有两种:一种直接用抽象的符号来表达某一意思,比如一、二、三、四、上、下;另一种则是在象形字的基础上增减笔画或符号,如本、末、刃、曰。第一种占少数,不过这类文字起源较早,也许直接受到了八卦或结绳记事的影响,许慎视为汉字源头的应该是这类文字,而第二类则产生于象形字之后。相比之下,象形字倒未必能"视而可识,察而见意"。因为象形字毕竟是"简笔抽象画",仅仅画个大概,起到提示作用,符号的任意性是很大的,因此要识读这些文字,更多依靠的则是约定俗成。

指事、象形、会意都是纯表意的造字法,正如本章第一节第二段的"难点解说"所言,这些造字法所创造的都属于"文",不过其产量有限,很多抽象的概念难以表达。随着"庶业其繁","文"就不敷日常使用了。于是,假借这一造字法应运而生。假借的特点即表音,理论上,这是最能产的造字法。不过大量的同音字也随之产生,这给辨识带来了不少困难。解决这一困难的办法是给同音字加上表示其类别的意符,这就是"建类一首,同意相受"的转注造字法;而形声则是受转注的影响而产生的。虽然用这两种方法造出的字在结构上均为形加声,但转注字是以假借字为基础的,而形声字则是同时取形旁和声旁相合而成。于是,转注与形声将汉字从表音的道路上拉了回来,它们是最能产的汉字造字法,由此造出的称为"字","孳乳而浸多也"。

转注是文字学中争论的焦点,以上所叙乃笔者所赞同的孙雍长先生的转注观。对该观点的详细评述,可参见本书第二章第一节和第五章第二节。

融通中西·翻译研究论丛

# 第三节　汉字的字体：秦代

## 【概说】

分析完汉字的构造，接下来许慎要讲的是汉字字体的类型与演变，先从秦代讲起，即所谓的"秦八体"。战国时期天下大乱，诸侯相互征伐，不服从周王室，过去的礼法、典籍都被抛弃了。各诸侯国的田畴、车途、律令、衣冠等制度各不相同，甚至各诸侯国讲的是不同的话，写的也是不同的字。而后，秦始皇兼并六国，建立了大一统的秦帝国。统一天下后，秦始皇便开始了一系列的改革，最重要的举措之一，便是统一了各种标准与制度，包括统一文字。关于统一文字，一般较笼统的说法是秦始皇在丞相李斯的协助下，将六国文字统一成了小篆，这是种简化大篆的笔画而来的较为简便、端庄，且书写较有规律的字体（见图6.2中国文字博物馆陈列的李斯峄山刻石拓片）。然而，许慎在这篇叙文中给我们提供了更加详尽的史实：秦始皇统一文字为小篆后，并未完全废止其他字体，小篆可算是当时的官方字体，但同时另有其他七种辅助性的字体，适用于各种不同的场合。因此，秦代的文字其实是八体并存的。"八体"与"六书"一样，也是汉字文字学上极为重要的概念。

图6.2　中国文字博物馆陈列的李斯峄山刻石拓片

**【原文】**

及宣王太史籀著《大篆》十五篇,与古文或异⁽¹⁾。至孔子书《六经》,左丘明述《春秋传》,皆以古文,厥意可得而说⁽²⁾。其后诸侯力政,不统于王,恶礼乐之害己,而皆去其典籍⁽³⁾。分为七国,田畴异亩,车途异轨,律令异法,衣冠异制,言语异声,文字异形⁽⁴⁾。

**【注释】**

(1)宣王:指周宣王,姬姓,名静,一作靖,西周第12代君主(公元前827—前782年在位)。

太史:官名,主要掌管起草文书、记载史事、编写史书,兼管国家典籍、天文历法、祭祀等。

籀(zhòu):人名。

大篆:这里指籀书,大篆之一种,《说文解字》里保存了几百字,我们今天看到的"秦公簋"与"石鼓文"便是这类字体的代表。据说它是由太史籀改革古文而成的,到了秦代,秦始皇统一文字,在史籀大篆的基础上"或颇省改",创造了一种新的字体,称为小篆。

古文:许慎《说文解字叙》中所谓的"古文"指大篆,但不包括太史籀著《大篆》所用的字体,因为它是后来创造小篆的基础。

(2)《六经》:指《诗》《书》《礼》《易》《乐》《春秋》,相传是孔子晚年整理与编撰的。孔子"述而不作",因此上文的"书"非撰写之意,当指整理与编撰。

《春秋传》:即《左氏春秋传》,简称《左传》,是中国第一部编年体史书,相传为春秋末年鲁国太史左丘明所撰。《春秋》相传为孔子编写的鲁国历史,语言极为简练,因此出现了多种补充与阐发《春秋》的书,称为"传",最著名的是被称为《春秋三传》的《左传》《公羊传》与《穀梁传》。因为是给《春秋》作传,故不言"作《春秋传》",而言"述《春秋传》",述而不作之意。

厥:其。

(3)力政:凭武力征伐。

力:武力。

政:征也。

恶(wù):憎恨。

害:妨害。

去:抛弃。

典籍：指法典、图籍等重要文献。

（4）"分为七国……"句：指战国时期天下大乱，七雄（燕、赵、魏、韩、楚、秦、齐）并峙，各国有各国的制度与标准。

田畴：田地。

轨：车子两轮之间的距离，引申为车辙。

【日语注释】

（1）宣王：姓は姫、名は静で、周朝の第12代王である（紀元前827—前782年在位）。

太史：官名で、天文、暦法、国の法規、宮廷の記録などをつかさどった士官である。

籀（ちゅう）：人名。

大篆：ここでは「籀書」を指す。「後篆書」の一つである。『説文解字』においては数百字も収録され、「秦公簋」（しんこうき）に刻まれた文字及び「石鼓文」（せっこぶん）はその代表である。ある説によると、この書体は太史の籀によって古文を変改されたものだと言われている。秦の始皇帝が文字統一政策の背景の下、「大篆」（すなわち「籀文」）に基づき、「小篆」という新たな書体が創成した。

古文：『説文解字叙』における「古文」は「前篆書」を指すが、太史籀の『大篆』における書体は今後「後篆書」を創る基であるため、「古文」に含まれていない。ここでは「手書きの篆書」と訓訳する。

（2）『六経』：儒教の基本的な六つの経典『詩』『書』『礼』『楽』『易経』『春秋』のことである。孔子により整理し編纂されたという説もある。

『春秋伝』：即ち『左氏春秋伝』で、『左伝』とも略称され、中国最初の編年に合せて編集したものである。孔子の弟子左丘明（さきゅうめい）により著わされたものだと言われている。孔子により編纂された『春秋』は魯の歴史を記録したもので、一字一句の表現に賞罰の意を寓したため、『春秋』を解説した経書が多く現れ、それらを『伝』と呼ぶ。その中で、最も有名なのは『春秋三伝』（『左伝』、『公羊伝』、『穀梁伝』）が挙げられる。ここでは、「作」（「著す」の意味）ではなく、「述」（ここでは「整理」或いは「編纂」の意味）という言葉を使うのは、孔子の「述而不作」（のべてつくらず）という言葉があるからである。

厥：その。

（3）力政：武力で攻伐すること。

力：武力。

政：中国漢字「征」と同じ発音で、攻伐の意味である。

悪：憎む。

害：妨害。

去：投げ捨てる。

典籍：ここでは法典、書籍など重要な文献のことを指す。

（4）「分為七国」の文：中国の戦国時代に、中国を分割支配した七つの有力諸侯国（「戦国の七雄」）、即ち燕、趙、魏、韓、楚、斉、秦の七国を言う。各国で自らの制度や標準のようなものを実施していた。

田畴：田畑。

軌：馬車の両車輪の距離、ここでは馬車の通った跡の意味である。

【今译】

到了周宣王时，一位名叫籀的太史整理出《大篆》十五篇，（字体）与古文有些许差异。直到（春秋末年），孔子编撰《六经》，左丘明给《春秋》作传，用的都还是古文，其字义尚能得到解释。再往后（到了战国），各国诸侯们凭武力相互征伐，不服从周天子，憎恶礼乐妨害自己，于是都废弃了过去的法典、图籍等文献。（那时中国）七雄并峙，（各诸侯国的）田地丈量的方法不同，车子与道路的宽窄不同，法令与规章不同，衣服与帽子的式样不同，语言不同，文字也不同。

【日译】

周の宣王の治世に及んで、太史（官職名）の籀という人が十五編の『大篆』を著し、その中の字体は「手書きの篆書」（即ち「古文」であり、『大篆』に載っている字体より古い文字）と一部異なった。（春秋の後期）に至り、孔子が『六経』を整理編纂し、左丘明が『春秋』に『伝』を書いたが、まだみなが古文を用いたため、その意味を理解し説明ができたのである。その後、諸侯は武力を用いて互いに攻伐し、周の統治を不服とし、礼儀や音楽などについて、それらが自分達に都合が悪いと憎み、そのような古典の書籍を全て焼き捨てた。（当時の中国は）七国（燕、趙、魏、韓、楚、斉、秦）に分かれ、諸国における田畑面積の測る方法、馬車や車道の幅、法令の実施、衣装の様式、言語の発音、及び文字の形はみなそれぞれ異なったものであった。

【日译解析】

"田畴异亩，车途异轨，律令异法，衣冠异制，言语异声，文字异形"中的四字为一句，句式工整，日文翻译很难做到与原文的形式一致，因此若在日译中将每句中的"异"字译出，则略显累赘，如远藤译本将该句译为"田畑は畝（耕地面積）を異にし、道路は軌（道幅）を異にし、律令（法律）は法を異にし、衣冠（装束）は制（制度）を異にし、言語は声（発声）を異にし、文字は形にした"。故本译文将此句中谈及各诸侯国不同的事物以名词形式列出，最后以"みなそれぞれ異なったものである"统合全句，做到了简洁易懂。

【难点解说】

"太史籀"三个字曾引起不少争议。段玉裁的注为："太史，官名。籀，人名也。省言之，曰史籀。"按这一看法，《大篆》十五篇便是一位名叫籀的太史的作品，因此也称为《史籀篇》。而王国维则认为，按许慎《说文解字》的解释，"籀，读也。"因此"籀书"意为诵读书本上的文字。按这一解释，下文"学童十七以上始试，讽籀书九千字乃得为吏"这句话中，"讽"与"籀"同义，即诵读。

不论"籀"是人名还是诵读，上文许慎所说的《大篆》十五篇即《汉书》与《说文解字》记载的《史籀篇》（正好也是十五篇），这部书被认为是中国最早的一部字书，大约成书于春秋与战国之交，字数不详，只知是编写成四字句韵语的童蒙识字课本。称《大篆》十五篇为《史籀篇》有两个原因：第一，若太史籀真有其人，那么由他编写的书自然以他的名字命名，称为《史籀篇》；第二，王国维认为该书首句为"太史籀书"（意思是太史读书），于是取首句中"史籀"二字为篇名，称为《史籀篇》。

接下来还有一个问题：既然《大篆》十五篇即《史籀篇》，那么该书是以大篆写成的吗？《说文解字》中保存了《史籀篇》的223个字，按其字体来看，与春秋战国时期流行于秦国的文字（如秦公簋铭与石鼓文）较为相似。因此，这里所说的大篆并不包括先秦时各国采用的所有文字，而是特指当时秦国流行的文字。我们现在所说的大篆其实有广义与狭义之分：广义的大篆包括先秦时各国采用的文字，更广的意义上还包括甲骨文与金文，也就是秦始皇将文字统一为小篆前的所有文字；而狭义的大篆则是指籀文，也就是春秋战国时期流行于秦国的文字，大致接近于我们今天看到的秦公簋铭与石鼓文，一般认为秦始皇在丞相李斯的协助下是以籀文为基础"或颇省改"而创造小篆的（见

图6.2 中国文字博物馆陈列的李斯峄山刻石拓片）。因此大篆与小篆的"大"与"小"指的不是字形的大小,而是指时间的先后。

**【原文】**

　　秦始皇初兼天下,丞相李斯乃奏同之,罢其不与秦文合者⁽¹⁾。斯作《仓颉篇》,中车府令赵高作《爰历篇》,太史令胡毋敬作《博学篇》⁽²⁾,皆取史籀大篆,或颇省改⁽³⁾,所谓小篆者也。是时秦烧灭经书,涤除旧典⁽⁴⁾,大发隶卒,兴役戍,官狱职务日繁⁽⁵⁾,初有隶书,以趣约易⁽⁶⁾,而古文由此绝矣。自尔秦书有八体:一曰大篆,二曰小篆,三曰刻符,四曰虫书,五曰摹印,六曰署书,七曰殳书,八曰隶书⁽⁷⁾。

**【注释】**

(1)兼:兼并,统一。

李斯:战国末期楚国人,从荀子学帝王术,后仕秦。他在秦灭六国中起了重要作用,秦统一天下后被任命为丞相。他协助秦始皇制定并统一各项制度,焚毁民间百家之书,以加强中央集权。秦始皇死后,他与赵高合谋迫令始皇长子扶苏自杀,以立少子胡亥为帝。后为赵高所忌,被腰斩于咸阳。

罢:废除。

(2)《仓颉篇》《爰历篇》《博学篇》:三部著名的字书。字书类似于今天的文字规范手册,起到启蒙识字与规范文字的作用,篇名取自每部书开头二字。汉初合三篇为一篇,统称《仓颉篇》,断60字为一章,共55章,合计3300字。

赵高:秦宦官,任中车府令(掌管皇帝车辆之职),秦始皇死后发动政变,与李斯合谋迫令始皇长子扶苏自杀,以立少子胡亥为帝,后又设计谋害李斯。

胡毋敬:秦书法家,本为秦栎阳狱吏,后为太史令,博识古今文字。

(3)或:有时。

颇:略微。

省改:简化与改动。

(4)秦烧灭经书:公元前213年,在李斯建议下,秦始皇下令焚毁除《秦纪》、医药、卜筮、种树之外的私藏《诗》《书》及百家典籍,并禁止私学。

涤除:销毁。

旧典:古代的各种典籍。

(5)大发隶卒:大规模征发隶卒。

役戍：徭役和戍卫。

官狱：官府的牢狱。

（6）趣：趋向。

约易：简约容易。

（7）八体：指以下八种字体。

大篆：指"皆取史籀大篆，或颇省改"而成小篆前的古体。

小篆：指"皆取史籀大篆，或颇省改"而成的字体。

刻符：刻于符信上的字体。符信产生于战国时期，为铜或竹制成，是调兵或通行的凭证。

虫书：即鸟虫书。许慎在这里也许是为了保持二字词的形式才把"鸟"字省略的，况且"虫"字在古时候曾一度扩大到动物的总称，因此也自然包含鸟类。

摹印：用于玺印的字体。

署书：封检题字（犹如今天文件封口后加盖骑缝章）及题榜所用的字体。

殳书：铸刻兵器题识所用的字体。殳：一种兵器。

隶书：因"官狱职务日繁"，省改自篆书（变圆为方、改曲为直），"以趣约易"而成的一种字体。

【日语注释】

（1）兼：併合する、統一する。

李斯：戦国時代の楚という国の人、荀子に師事して帝王治世の術を学んだ後、始皇帝に仕えた。秦の統一に功績のあった重要な人物であり、丞相として任命された。始皇帝を助けて、秦の郡県制の施行、文学、度量衡の統一、「焚書の令」（一種の言論弾圧）などは彼の献策により、その内政外交は秦帝国確立の大きな基礎をつくった。始皇帝の死後2世皇帝を擁立して実権をふるったが、宦官趙高の讒言によって腰斬（ようざん）の刑で処刑された。

罢：廃除。

（2）『倉頡篇』『愛歴篇』『博学篇』：この三篇は現代の文字規範パンフレットのようであり、啓蒙期における漢字の識別及び漢字の規範を定めたものである。篇名はそれぞれ最初の二文字で命名されたのである。漢代に入ってこの三篇を合せ、60字ごとに章分けして全体を55章とし、合計3300

字の『倉頡篇』と総称した。

趙高：秦の宦官で、中車府令として始皇帝の末子胡亥（こがい）の世話をしていた。紀元前209年始皇帝が死去した後、李斯とともに始皇帝の長子扶蘇（ふそ）を抑え、胡亥を二世皇帝とする謀略を実行した。その後、李斯を殺して丞相となった。

胡毋敬（こぶけい）：秦の太史令で、書道家であり、古今の漢字に精通する。

（3）或：ある時。

頗：少し。

省改：簡略化、変える。

（4）秦焼滅経書：紀元前213年、秦の始皇帝が丞相李斯の上言によって、『秦記』（秦国の史官の記録）及び医薬、民間にあった医学、卜筮（ぼくぜい）、種樹（しゅじゅ）（農業）の書物以外は、『詩経』、『書経』や諸子百家の書を民間で所蔵することを禁止し、すべて焼き捨てることを命じた。

滌除：洗いのぞく。

旧典：古代の諸典籍。

（5）大発隷卒：大規模な賤役を徴発する。

役戍：労役と衛戍。

官獄：朝廷の牢獄。

（6）趣：趣向。

約易：簡約、容易。

（7）八体：秦における八種の書体のことである。

大篆：「皆取史籀大篆，或頗省改」により創られた小篆前の古い書体である。ここでは「前篆書」と訓訳する。

小篆：「皆取史籀大篆，或頗省改」により創られた書体である。ここでは「前篆書」と訓訳する。

刻符：符契（割符）に刻する文字の書体である。符契（割符）は戦国時代のものであり、一つの竹や木や銅の表面に文字などを刻し、それを二つに割って別々に所持し、両者を合わせることで互いに相手を信用する方法である。兵隊を派遣し、通行の証拠として用いる。ここでは「割り符に刻む書」と訓訳する。

虫書：即ち（漢）六書の「鳥虫書」である。古代では「虫」は動物の総称として用いたため、鳥も含まれている。そこで許慎は文書の形式を考慮したうえ、「鳥」の字を省略した。ここでは「軍陣旗幟に書く鳥虫様の書」と訓訳する。

摹印：印章に用いる文字の書体である。ここでは「印鑑用の篆書」と訓訳する。

署書：扁額に記す文字の書体であり、現代の書類を封じる割印と同じである。ここでは「割り印と題字用の書」と訓訳する。

殳書：兵器に記す文字の書体である。殳は兵器の一種である。ここでは「兵器に書く書」と訓訳する。

隷書：「官獄職務日繁」のため、篆書の曲線主体から直線主体に転じ、全体的に扁平で文字間の間隔は比較的に広めに取り、篆書から発展してきた書体である。ここでは「公務用の書」と訓訳する。

【今译】

秦始皇（灭六国）统一天下后，丞相李斯便奏请（统一制度），废除不与秦国文字相合的字。李斯编写了《仓颉篇》，中车府令赵高编写了《爰历篇》，太史令胡毋敬编写了《博学篇》，（他们）都采用了史籀的大篆，（并在这基础上）略微进行了简化和改动，（这样便形成了）人们所说的小篆。这时，秦始皇（下令）烧毁各家学说的经典，销毁古代的典籍，大规模征发隶卒，大兴徭役和戍卫，官府牢狱中的事务日益繁杂，于是隶书就产生了，目的是让书写趋于快捷简便，而古文也因此废止不用了。从此，秦国文字具有了八种字体：第一种叫大篆，第二种叫小篆，第三种叫刻符，第四种叫虫书，第五种叫摹印，第六种叫署书，第七种叫殳书，第八种叫隶书。

【日译】

秦の始皇帝が初めて天下を支配統一した後、丞相（官名）の李斯は始皇帝に（これらの制度を統一しよう）秦の文字の形に合致しないものを廃止しようと上奏した。李斯は『倉頡篇』を書き、中車府令（官名）の趙高は『爰歴篇』を作り、太史令（官名）の胡毋敬は『博学篇』を作った。それらの字体はみな太史籀が創った前篆書（「大篆」）から形を取り、それに基づいて少し筆画を省いて改めたものである。（それにより）いわゆる「後篆書」（「小篆」）というものができた。この時、始皇帝は各学派の経書を焼き滅ぼし、旧典を滌い除き、大規模な賤役を徴発し、国境警備の兵隊の配備をすすめるよう命じたので、いよいよ朝廷の牢獄での職務は繁忙になってきた。そこではじめて「公務用の書」（「隷書」）が生まれた。「公務用の書」（「隷書」）は書くことを簡略化させるという目的で創られたものであり、古文はこのために途絶えることになった。これにより、秦の文字は八種の字体を有するようになった。一に「前篆書」（「大篆」）といい、二に「後篆書」（「小篆」）といい、三に「割り符に刻む書」（「刻符」）といい、四に「軍陣旗幟に書く鳥虫様の書」（「虫書」）といい、五に「印鑑用の篆書」（「摹印」）といい、六に「割り印と題字用の書」（「署書」）といい、七に「兵器に書く書」（「殳書」）といい、八に「公務用の書」（「隷書」）といった。

## 【日译解析】

"或颇省改"中"颇"在古代汉语中既有"很、甚"之意，又有"稍微、略微"之意。句中的"颇"在不同释文中均有上述两种释义。据远藤译本考证，《说文解字》共收录的9353字中，"省改"的字数仅为少数，故远藤认为将"颇し"读作"すこし（稍微）"较为妥当。本译文赞同远藤译本的观点，将其译为"少し"。

"八体"是指下文所述的秦朝的八种字体，若直译为"八体"，与"六书"一样，日本现代的读者很难理解，在福本与远藤译本的现代日语译文中均采用了以日本汉字词直译的方式。本译文尝试以训译的方式将"八体"译为"秦における八種の字体"。"大篆""小篆"对于日本的大众读者来说是较为难懂的术语，且"大""小"实指文字字体出现的先后顺序，并非指文字字体的大小，若直译这两个词容易让读者认为两者是大与小的区别。"篆书"这一术语对于非书法或文字学专业的日本读者来说较为常见，大多知道篆书是大篆与小篆的统称，故本译文中以"训译"的方式，为表达出字体出现的先后顺序，将这两个词译为"前篆书"与"后篆书"。"刻符"这一汉字词在现代日语中也较为少见，读者很难从汉字词中领会这一字体的含义，故我们在训译该词时以向读者阐释其用途作为目的，将其译为"割り符に刻む書"。如注解所示，"虫书"实为"鸟虫书"，因其形状模仿鸟虫而得名，书写在传达指令的军用旗帜上，我们将其训译为"軍陣旗幟に書く鳥虫様の書"。"摹印"是用于印玺的一种篆书，故训译为"印鑑用の篆書"。"署书"的"署"字，日本读者会误以为是"署名"的含义，而"署书"则会被理解为署名时用的字体，结合上述注释，本译文将该词训译为"割り印と題字用の書"。"殳书"在现代日语中则更为少见，结合注释本译文将其训译为"兵器に書く書"。"隶书"是现代日本人较为熟悉的书体术语,为与前七种书体的训译一致,且更突出该书体在当时的用途,本译文将其训译为"公務用の書"。

【难点解说】

秦始皇统一文字这一史实是广为人知的,但这里有两个事实需要澄清。

第一,我们所谓的统一文字,确切地说是统一字体。中国的汉族人自古说的是汉语,写的是汉字,虽然存在各种方言,古代也有各种字体,差别甚至大到几乎彼此听不懂、看不懂,然而我们从来不认为我们讲的是不同的语言,写的是不同的文字(这在欧洲很可能被视为不同的语言与文字)。这是为什么呢? 主要是因为汉字以表意与音意结合为主,因此汉字不是口语的符号,这样一来,汉字就不随方言的不同而变异。此外,"六书"造字法是先秦时期各国文字通用的,因此不管是哪个诸侯国的文字,皆以此方法来构造,因此汉字具有极强的稳定性,每个汉字只是写法不同,但其构造的原则与精神则是相通的,于是我们不将其视为不同的文字,而将其视为同一种文字的不同字体。字体是现代汉语的说法,在古代没有这一概念,因此所谓的秦始皇统一文字,其实指的是统一文字的书写形式(即字体)而已。

第二,一般认为秦始皇统一文字后,小篆就一统天下了,其实文字(确切说是字体)是很难一家独尊的,因为不同的文字(字体)具有不同的用途,有的场合需要更快捷地书写,而有的场合需要艺术化地书写。因此,小篆实际上只是秦代的官方字体,类似于我们今天用于正式场合与印刷品的楷体字。然而,在民间或在其他各种场合,当时大约还存在着其他七种主要的字体,用以满足不同的需要,它们与小篆一起被统称为"秦八体"。这正如我们今天虽然推广普通话,推行简体字,但也保护方言,在某些特殊场合也使用繁体字,同时也保护少数民族的语言与文字,这些都是中华民族宝贵的文化遗产。

# 第四节　汉字的字体:汉代

【概说】

按历史的演进,这里讲到了汉代。许慎怀念汉初朝廷重视文字的良好风气,并感叹在他的时代文字之学已荒疏了。接着,他讲述了新莽时期的文字改革,改革后定下了六种字体,称为"六书"(不同于上文所讲的汉字构字法则的"六书")。与秦代一样,汉代也是多种字体并存的,统称为"汉六书"。

"汉六书"中最重要的莫过于隶书,故有"汉隶"一词,这容易让人误以为隶书产生于汉代。而实际上,隶书在秦代便已诞生,为"秦八体"之一,也称"秦隶"。秦隶与汉隶有所不同,前者风格古朴,颇含篆书遗韵,《青川木牍》《云梦睡虎地秦简》等都是秦隶的代表。到了汉代,隶书"蚕头雁尾"的特征更明显(参见图6.3汉隶典型的"蚕头雁尾"),线条更流畅、舒展,最关键的是,线条出现了规律,形成了目前汉字的基本笔画,这为隶书到楷书的转变做好了铺垫。隶书的形成在汉字发展史上具有深远意义,史称"隶变",它是古今文字的分水岭——"隶变"前的文字称"古文"[①],之后的称"今文"。笔者认为,"隶变"还是中国书法产生的重要条件之一(参见本书附录3《中国书法发生论刍议》一文)。

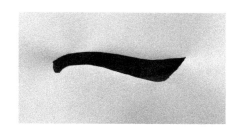

**图6.3 汉隶典型的"蚕头雁尾"(杨晓波示范)**

"隶变"也是"官狱职务日繁"导致的,省改篆书"以趣约易"便形成了隶书。但隶书有着更趋约易的写法,即隶书(确切地说是汉隶)的草写——章草。本节开头所谓的"汉兴有草书",便是指章草,而我们今天常用的草书则是楷书的草写,因晚于章草,故称"今草"。

**【原文】**

汉兴有草书[(1)]。尉律:学童十七以上始试,讽籀书九千字乃得为吏;又以八体试之[(2)]。郡移太史并课,最者以为尚书史[(3)]。书或不正,辄举劾之[(4)]。今虽有尉律,不课,小学不修,莫达其说久矣[(5)]。

---

① 许慎《说文解字叙》中所谓的"古文"指除籀书以外的其他大篆(详见本章第三节"古文"注释)。

【注释】

(1)草书：这里指章草，它是一种解散隶体，省改隶书笔画而形成的简便快捷的连笔书写方法。而省改楷书笔画而成的连笔书写方法则称为"今草"。

(2)尉律：汉代律令为廷尉（掌刑狱的官员）掌管，故称"尉律"。

讽籀书：讽意为背诵。籀书即上文"太史籀所著《大篆》十五篇"所用的字体。另一种解释为：籀，读也，讽籀连文，意为诵读。

(3)郡移太史：当时选拔官员的考试先在县里举行，通过后参加郡考，之后再由太史进行会试。

并课：合而试之，犹会试。

最者：成绩最优秀者。

尚书史：官名，负责掌管文书，传达命令。

(4)辄：立即。

举劾：检举弹劾。

(5)课：考核。

小学：研究文字音、形、义的学问，即音韵学、文字学与训诂学。

莫达其说：不通文字的道理。

达：通达。

【日语注释】

(1)草書：ここで「章草」のことを指す。隷書の書体を解散し、隷書の筆画を省いたり、略したりし、速記の便を図るための筆画をつながる漢字の書き方である。楷書の筆画を省いたり、略したりしたものを「今草」という。ここでは「隷書の略した書体」と訓訳する。

(2)尉律：漢の律令は廷尉（裁判·刑罰などをつかさどる官）によりつかさどったため、「尉律」と称する。

諷籀書：「諷」は暗唱の意味である。「籀書」は前文の「太史籀著『大篆』十五篇」の中で用いる書体である。また、「諷」は「読む」の意味で、「諷籀」は朗読の意味だと言う解釈もある。

(3)郡移太史：当時の官吏任用試験は先に県において行われ、県から郡まで、郡から太史へ移し、太史で会試が行われる。

併課：併せて試験を行う、会試の如く。

最者：成績最も優れた者。

尚書史:官名であり、文書や命令の発することをつかさどる。

（4）輒:直ちに。

挙劾:検挙弾劾。

（5）課:審査する、考査する。

小学:文字の音声、形、意味を研究する学問である。即ち、文字、訓詁、音韻に関する学問である。ここでは「古代における文字学」と訓訳する。

莫達其説:文字の学問に通じない。

達:通じる。

## 【今译】

汉朝建立后有了草书。汉代廷尉的法令中这样规定:学童十七岁以后开始应考,能诵读九千个字,才能当小吏;接着还要考他们(秦代的)八种字体。(通过郡试后,)他们将被推举参加中央太史令的会试,成绩最优者,就被录用为尚书史。(官吏的公文要是)写得不规范,(尚书史)就要立即检举、弹劾他们。如今虽有廷尉的法令,却不进行考核了,文字之学也没人修习了,文字的道理很久没人通晓了。

## 【日译】

漢朝が興ってはじめて「隷書の略した書体」（「章草」）が生まれた。漢の廷尉（刑罰・司法を管轄する司法官）の法令では、学童は十七歳以上になると試験を受け始め、九千字を暗誦すると、そこで書記となることができた。また秦書八体について試験を行い、（郡において）合格した書記は、中央太史令（官職）に移り（九千字と八体を）合わせて試験を受けることになる。成績優秀者を尚書史とした。（官員の）書がもし正しくなければ、（尚書史が）直ちに指摘して弾劾した。しかしながら、今では廷尉の法律があるにもかかわらず、試験は行われず、（書記は）文字学を修得せず、その文字の正しい説に及ばなくなってから既に久しい。

## 【日译解析】

本段中的"草书"实为"章草",在福本和远藤的现代日语译文中均译为"草书",虽然日本读者对草书的概念并不陌生,但多会将其理解为"今草",这与原文有所偏离。根据注解,我们将其训译为"隷書の略した書体"。

"小学不修"中的"修"为学习之意,远藤译本中译为"修まる",意为(品行)端正,改邪归正,与原文含义不符,因此不适合将其译为相应的日语动词

"修まる"。福本译本译为"文字の学は修得されず"则较为准确。

**【难点解说】**

"汉兴有草书"这句话中的"草书"容易让人误解为我们今天常用的草书，其实我们今天所用的草书是楷书的草写，称"今草"。汉代的草书为"章草"，是隶书的草写。楷书是在汉隶的基础上发展起来的，一般将三国时期的钟繇奉为楷书之祖，那时的楷书颇带隶书笔意。唐朝是楷书发展的顶峰，故有"唐楷"之称，楷书也在那时定型为我们今天看到的样子。

草书可以说是个笼统的说法，连笔的快速写法都叫草书，草书有"章草"与"今草"两个系统。章草简言之即隶书的草写，隶书在汉以前就存在，因此隶书的草写也早就存在了。而"章草"这个名称，很可能是汉代才有的。至于为何称之为章草，目前尚无定论，一般认为这一名称包含三层意思：(1)"章"字意为章法，章草的特点是字内笔画相连，而字与字则是独立的，因此相比于"今草"，它更有章法；(2)"章"字意为奏章，因为章草书写便捷，因此在汉代被广泛应用于奏章；(3)"章"指《急就章》，相传史游(西汉人)用章草作《急就章》(也有说法认为史游书《急就章》时解散隶体创造了章草)，《急就章》是童蒙识字课本，影响广泛，因此书写《急就章》之草书就被称为章草。

章草字字独立，风格古雅，带隶书笔意，不同于"今草"。今草是楷书的连笔书写，不但每个字笔笔相连，且前一个字的最后一笔与后一个字的第一笔也往往是相连的，因此造成了龙飞凤舞、酣畅淋漓、一气呵成的艺术效果。今草的"草"有不同的程度：连笔程度较低的叫行书，连笔程度在行书与草书之间的叫行草，连笔程度在行书与楷书之间的则叫行楷。

**【原文】**

孝宣时，召通《仓颉》读者，张敞从受之[1]；凉州剌史杜业、沛人爰礼、讲学大夫秦近，亦能言之[2]。孝平时，征礼等百余人令说文字未央廷中[3]，以礼为小学元士，黄门侍郎扬雄采以作《训纂篇》[4]。凡《仓颉》以下十四篇，凡五千三百四十字，群书所载，略存之矣[5]。

**【注释】**

(1)孝宣：即孝宣帝刘询，西汉第8位皇帝，公元前73年至前49年在位。

通《仓颉》读者：通晓《仓颉篇》的文字，能正其读者。

《仓颉》：即《仓颉篇》。秦代李斯《仓颉篇》、赵高《爰历篇》与胡毋敬《博学篇》在汉初合为一篇,统称《仓颉篇》。

张敞:字子高,西汉大臣,好古文字。

从受之:跟从那人学习。

(2)刺史:刺意为监察、刺探,刺史即巡行及监察郡县的官员。

杜业:字子夏,西汉哀帝时名臣,曾任太常(掌宗庙礼仪之官),敢于进谏,不事权贵。

爰礼:西汉平帝及亡新时人。

讲学大夫秦近:讲学大夫为新莽时设立的专事讲学的官员。秦近为西汉平帝及亡新时人。

亦能言之:指能通《仓颉》读也。

(3)孝平:即孝平帝刘衎(kàn),西汉第12位皇帝,公元1年至5年在位。

征礼:征召爰礼。

未央廷:即未央宫,西汉大朝正殿,建于汉高祖七年(公元前200年),为汉朝政令中心。

(4)小学元士:天子之士为元士,小学元士类似于文字学博士。

黄门侍郎:又称黄门郎,秦代初置,汉以后沿用此官职,为侍奉皇帝之近臣,负责协助皇帝处理朝廷事务。

扬雄(公元前53—公元18年):字子云,蜀郡成都人,西汉最著名的辞赋家。

(5)略存之矣:大致都收录了。

略:大致。

存:收录。

**【日语注释】**

(1)孝宣:前漢代第8代の皇帝劉詢であり、紀元前73—前49年在位。

通『倉頡』読者:『倉頡篇』の読み方を通じる者。

『倉頡』:即ち『倉頡篇』である。秦李斯『倉頡篇』、趙高『爰歴篇』、胡毋敬『博学篇』の三篇を合わせ、『倉頡篇』と総称した。

張敞:字は子高で、前漢の大臣で、古文に精通する。

従受之:その人に師事し学問を究める。

(2)刺史:刺は監察、こっそりと探ることで、刺史は州の監察官や行政長官である。

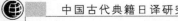

杜業：字は子夏、前漢哀帝の有名な大臣であり、かつて太常（礼楽や祭事をつかさどる官職）に務め、主君に諫言（かんげん）する忠臣であった。

爰礼：前漢平帝及び王莽により創建された新朝（9—23年）にいる人物である。

講学大夫秦近：「講学大夫」は新朝に設けられた学問を伝授する官職である。「秦近」は前漢平帝及び王莽により創建された新朝にいる人物である。

亦能言之：『倉頡』に精通し読める者。

（3）孝平：前漢の第12代皇帝、孝平帝劉衍であり、紀元1—5年在位。

徴礼：爰礼を招く。

未央廷：即ち未央宮（びおうきゅう）で、前漢の高祖七年（紀元前200年）より丞相蕭何が主導して造営を開始した。漢朝の政治中心であった。

（4）小学元士：諸侯の士と区別しるため、天子の士は「元士」と言われ、小学元士は文字に精通する学者である。

黄門侍郎：「黄門郎」ともいう。秦に創始された官職で、漢以降の歴代王朝にも受け継がれ、皇帝に近侍する勅命を伝える官職である。秦や漢では、禁中の門（禁門）が黄色に塗られていて「黄門」と呼ばれた。

揚雄：（紀元前53—紀元18年）字は子雲、成都の人、前漢最も有名な文人、学者である。

（5）略存之矣：概ねに収録された。

略：概ね。

存：収録。

【今译】

西汉孝宣帝时，征召到一位通晓《仓颉篇》文字的人，派张敞跟从那人学习；（在那以后，）凉州刺史杜业、沛地人爰礼、讲学大夫秦近，也能识读这些古文字。到了孝平帝时，征召了爰礼等一百多人，令他们在未央宫讲说文字，爰礼任小学元士，黄门侍郎扬雄博采众说编撰了《训纂篇》。《仓颉篇》以来的十四部字书，共计五千三百四十字，以及众多典籍所用的字，基本都收录于该书了。

【日译】

前漢の孝宣皇帝の時、『倉頡篇』の読み方に通じる者を召き、張敞を任命し、その人に従って学んだ。涼州(地名)刺史の杜業、沛(地名)の人爰礼、講学大夫の秦近も(『倉頡篇』を)よく解説することができた。孝平の時、爰礼など百人余りの人を召き、未央宮において文字を説かさせ、爰礼を小学元士とし、黄門侍郎の揚雄は、各説を取って『訓纂篇』を書いた。その内容は『倉頡篇』以来の十四篇、およそ五千三百四十字になった。また、もろもろの書物に載せた文字は概ねここに収録された。

【日译解析】

福本与远藤译本中该段内容的译文较为准确,本译文在两个译本的基础上对"刺史""讲学大夫""黄门侍郎"等官名、"凉州""沛"等地名的专有名词做了括号加注,对原文中省略的信息,如"亦能言之"中省略的宾语"『倉頡篇』"以括号加注的形式进行了补充,以方便读者理解。

【原文】

及亡新居摄,使大司空甄丰等校文书之部(1)。自以为应制作,颇改定古文(2)。时有六书:一曰古文,孔子壁中书也;二曰奇字,即古文而异者也;三曰篆书,即小篆,秦始皇帝使下杜人程邈所作也;四曰左书,即秦隶书;五曰缪篆,所以摹印也;六曰鸟虫书,所以书幡信也(3)。

【注释】

(1)亡新:西汉外戚王莽于公元8年腊月篡位,建立新朝改国号为新,建都常安,史称新莽,后被刘秀所灭;亡新犹言伪新。

居摄:即摄政,代国君处理国政。

大司空:主管刑狱的官职。

甄丰:西汉平帝时少傅,封广阳侯,为王莽心腹,善古文。

部:门类。

(2)应制:响应皇帝之令。

(3)六书:与上文表示汉字构造法则的六书不同,这里指六种字体。

古文,孔子壁中书也:据《汉书·艺文志》记载,因秦始皇焚书禁学,济南人伏生偷偷将《尚书》等典籍藏于孔宅壁中。汉武帝末年,鲁共王(或作鲁恭王,本名刘余,汉景帝和程妃所生)扩其王府,拆毁孔宅,在夹壁中发现了《礼记》《尚书》《春秋》《论语》《孝经》等几十篇用先秦文字(属于大篆系统,究竟哪种大篆尚无定论,详见本章第五节第122页"难点解说")写成的典籍。近人认为这些书是战国时写本,是秦始皇焚书坑儒时由孔子八世孙孔鲋(约公元前264—前208年,字甲,秦末儒生)藏入壁中的。

奇字:可以说是古文的异体字。

篆书:如许慎所言,这里指小篆。

秦始皇帝使下杜人程邈所作也:段玉裁、桂馥都认为"秦始皇帝使下杜人程邈所作也"这句应接在下句"佐书,即秦隶书"之后。程邈:字元岑,下杜人,一作下邽(guī)人(今陕西渭南北)。据唐代张怀瓘《书断》记载:"传邈善大篆,初为县之狱吏,得罪始皇,系云阳狱中,覃思十年,损益大小篆方圆笔法,成隶书三千字,始皇称善,释其罪而用为御史,以其便于官狱隶人佐书,故名曰'隶'。"

左书:如许慎所言,这里指秦隶书,即秦人程邈损益大篆而成的书体。这种书体书写更为便捷,因此"便于官狱隶人佐书"。

左:佐也,辅佐之意。

缪(móu)篆:汉代用于玺印的字体。缪意为屈曲缠绕,指该字体的风格。

鸟虫书:鸟虫书与"秦八体"的虫书相同,即像鸟虫之形的字体,用于书幡信。

幡信:用来传递命令的旗帜。

幡:旗帜。

信:符节。

**【日语注释】**

(1)亡新:前漢の外戚王莽、8年に自ら帝位につき、常安を都とし、新の建国者であり、史上「新莽」といわれる。

居摂:王莽が平帝を毒殺し、幼帝嬰を擁立し、その摂政となり、やがて自ら帝位を得る。

大司空:前漢では監察をつかさどる官職である。

甄豊:前漢平帝時、太子の師父で、王莽を早くから補佐していた。古文に精通する学者である。

部:分類。

(2)応制:皇帝の命令に応じる。

(3)六書:前述した漢字「六つの造字法」と異なり、ここでは「六つの書体」と訓訳する。

古文、孔子壁中書也：『漢書・芸文志』によると、秦の始皇帝の焚書を避けて、済南人伏生という人が、古文で書かれた『礼記』『尚書』『春秋』『論語』『孝経』など数十編の儒家の経典を孔子の家の壁に隠した。前漢武帝の魯国共王（魯恭王ともいう。前漢景帝の子、本名は劉余で、諡が恭である）が、自分の宮殿を拡張するため、孔子の旧宅を壊した際に、その壁の中から数十篇の秦以前の文字で書かれた儒家の経典が発見された。ここでは「前篆書（籀文を除く）」と訓訳する。

　　奇字：即ち古文の異体字である。ここでは「前篆書（籀文を除く）の異体字」と訓訳する

　　篆書：即ち「小篆」であるため、ここでは「後篆書」と訓訳する。

　　秦始皇帝使下人程邈所作也：段玉裁と桂馥により、この文は次の文「四曰左書、即秦隷書」の後ろに来るべきだと主張された。程邈、字は元岑、下邽（かけい）（陝西省）の出身であり、長安の南にあり、杜陵の下の村であったので「下杜」とも呼ばれた。張懐瓘『書断』の記載により、程邈は大篆に精通しており、秦に仕える衙県の獄吏であったが，罪を犯して雲陽の獄につながれた。その十年間に工夫をこらし、大篆や小篆の方円の筆画を増減して、隷書3000字を創って奏上した。始皇帝は程邈の罪を許して御史（記録）の官に任じ，書きやすく事務に便利なこの書体を書記役の徒隷に使用させたという。徒隷の使う書体なので「隷書」と呼ばれる。

　　左書：即ち「隷書」であり、上述した程邈が創った書体である。この書体は字画が簡単で書記役の徒隷に補佐する役割を果たし使用されたため、「左」は「佐」と同じで、「補佐」の意味を持つという説もある。ここでは「簡略した前篆書」と訓訳する。

　　繆篆：漢の時代の印鑑に用いられた書体である。「繆」とは曲がったり、纏ったりする様子の意味で、この意味を用いながらその書体の特徴を指す。ここでは「曲がりくねった印鑑用の篆書」と訓訳する。

　　鳥虫書：（秦）八体における「虫書」と同じであり、即ち鳥や虫などの形のような書体で、命令を伝える旗に用いる。ここでは「軍陣旗幟に書く鳥虫様の書」と訓訳する。

　　幡信：命令を伝達する旗である。

　　幡：旗。

信：木、竹、紙などの札に文字を書き、印を押して二つに割り、契約の証拠とするもので、即ち「割符」のことである。

【今译】

到了王莽摄政时，他派大司空甄丰等人检校文书之类。（甄丰等人）自以为是应皇帝之令而作，（于是）对古文字进行了一些改动。当时有六种字体：第一种叫古文，就是孔宅壁中所藏典籍采用的字体；第二种叫奇字，就是古文的异体字；第三种叫篆书，也就是小篆，是秦始皇令下杜人程邈创制的；第四种叫左书，即秦朝的隶书；第五种叫缪篆，是用于玺印的字体；第六种叫鸟虫书，是用来书写旗帜与符节的。

【日译】

王莽が摂政に就くと、大司空（官名）の甄豊等に文書の分類を校正させた。また（甄豊等は）皇帝の命令に応じて制作を考え、古文を少し改定した。当時「（漢における）六つの書体」はあり、一に「前篆書（籀文を除く）」（「古文」）といい、孔子の旧宅の壁から発見された書物に使われた字体である。二に「前篆書（籀文を除く）の異体字」（「奇字」）といい、つまり古文の異体字である。三に「後篆書」（「篆書」）といい、秦の始皇帝が、下杜（地名）の人程邈につくらせたものである。四に「簡略した前篆書」（「左書」）といい、つまり秦の隷書である。五に「曲がりくねった印鑑用の篆書」（「繆篆」）といい、印に彫るためのものである。六に「軍陣旗幟に書く鳥虫様の書」（「鳥虫書」）といい、旗や符節に書くためのものである。

【日译解析】

本段中的"六书"与前面提到的"六书"不同，因此若直译为"六书"易引起读者概念上的混淆，而训译的方法可避免此类问题的发生。我们将上文的"六书"训译为"六つの造字法"，本段中的"六书"实为汉代的六种汉字的字体，可训译为"（漢における）六つの書体"，既可以区别前文的"六书"，又可让读者了解两种六书的内涵。

此处的"古文"指篆书中较古的大篆，但不包括史籀书《大篆》所用的字体（详情可参见下文"难点解说"），故本译文将其训译为"前篆書（籀文を除く）"。"奇字"即"古文而易者"，故训译为"前篆書（籀文を除く）の異体字"。如前所述，"篆书"实为一个广义的概念，包括大篆和小篆，此处的"篆书"是指秦朝统一文字后的小篆，因此不适合将其直译为"篆书"。与上文相呼应，此处的

篆书训译为"後篆書"。"左书"的"左"实为"辅佐"之意,远藤译本中将其译为"佐
书",尽管比起直译为"左书"较能反映出该书体的含义,但"辅佐"的是什么仍不
明确,读者较难理解。据注释所示,"左书"实为大篆的简略形式,故我们将其训
译为"簡略した前篆書"。如文中所示,"缪篆,所以摹印也",但并非前述"秦八
体"中的"摹印"(详情请参见下文"难点解说"),故此处为与"摹印"区别,本译文
将其形态译出以示区别,训译为"曲がりくねった印鑑用の篆書"。"鸟虫书"即
"秦八体"中的"虫书",故训译为"軍陣旗幟に書く鳥虫様の書"。

**【难点解说】**

许慎对"汉六书"有简要的解释,因此"汉六书"比"秦八体"容易理解,这
两个体系中有些字体是重合的。这里需要着重解释的是"古文""左书"与
"缪篆"。

如上所言,"隶变"是古今文字的分水岭——"隶变"前的文字称"古文"
(包括大篆与小篆),之后的称"今文"(因为隶书与我们今天使用的楷书已非
常接近了)。不过,这一区分是站在我们今天的角度说的,而许慎正处在"隶
变"的时代,因此他所谓的"古文"特指篆书中较古的大篆,但不包括史籀书
《大篆》所用的字体,因为它是后来创造小篆的基础。

许慎认为"汉六书"中的左书即秦隶书,正如本节"概说"中所言,隶书在
秦代便已诞生。秦代的官方字体是小篆,隶书是因书写快捷而用以辅佐小篆
的,因此称为左书。在汉代,隶书的形体发生了变化。从审美上来说,它突出
了"蚕头雁尾"的特色(参见图6.3 汉隶典型的"蚕头雁尾");从实用上来说,它
将汉字笔画化,变弧线为直线,字形变圆为方,笔画变繁为简,书写越来越简
便了。形态美观加书写便捷,这使得隶书成了汉代的官方字体,由此诞生了
"汉隶"这一名称。那么,为何许慎在"汉六书"中只提秦隶,而未提汉隶呢?
笔者认为汉隶这一说法应该是后来才有的,是隶书在汉代通行后,人们根据
这一现象给隶书取的名称,而在许慎的年代,尚无汉隶这一说法。许慎称左
书为秦隶书,也许是为了强调隶书的诞生年代在秦代,虽然秦隶与汉隶在形
态上已有所区别,但许慎并未因此将两者区分为两种不同的字体。

许慎将"缪篆"解释为"摹印也",这里的问题是:"摹印"一词是对缪篆功
能的描述呢,还是将其等同于"秦八体"中的"摹印"? 我们先来看一下"缪"字
究竟什么意思。该字的确切含义尚无定论,一般通行以下四种解释:(1)绸缪
说(屈曲缠绕之意);(2)通"谬"说(即谬误的或非正体的小篆);(3)奇异说(即

小篆而异者）；（4）通"穆"说（端庄、严肃之意）。①本书的日译与英译（参见附录2）均取第一种解释，分别译为"印鑑用の篆書"与 sinuous official script，因为据实物来看这种特征最为明显。那么，它是否就是秦八体的"摹印"呢？学界一般持否定看法，因为从出土的文物来看，两者风格迥异。②可以说，"'缪篆'的实质即为西汉之摹印篆"③。因此，本书的日译与英译都将"摹印"理解为缪篆的功能，而非"秦八体"中的"摹印"。

## 第五节　编书的初衷

### 【概说】

在《说文解字叙》的最后这部分，许慎批判了他所处时代的俗儒们尊崇隶书反对古文，并执迷不悟的错误态度。他呼吁人们要有通博的学识，不要把眼光局限于当时流行的隶书，而要追本溯源，回到年代久远的古文，要通过古文的字形来解说汉字，这也正是他编撰《说文解字》的初衷。当然，许慎囿于他所处的时代，其眼光也是有局限的。他没有机会看到更为古老的甲骨文（甲骨文于1898年才被金石学家王懿荣发现），因此他对某些字的解释难免牵强附会。许慎在文章最后陈述了他编撰这部字典的意义与态度，并介绍了编撰的体例与引文的出处。尤为值得一提的是许慎的治学态度，他继承了孔子"多闻阙疑"的精神，对自己不知道的，绝不妄加评论。这种精神在今天也很值得我们学习！

### 【原文】

壁中书者，鲁恭王坏孔子宅而得《礼记》《尚书》《春秋》《论语》《孝经》⁽¹⁾。又北平侯张苍献《春秋左氏传》，郡国亦往往于山川得鼎彝，其铭即前代之古文，皆自相似⁽²⁾。虽叵复见远流，其详可得略说也⁽³⁾。而世人大共非訾，以为好奇者也，故诡更正文⁽⁴⁾，乡壁虚造不可知之书，变乱常行，以耀于世⁽⁵⁾。

---

① 参见：徐学标：《缪篆新辩》，载《中国书画》2004年第4期，第35—36页。

② 参见：马国权：《缪篆研究》，载《古文字研究》1981年第5期，第261—290页；徐学标：《缪篆新辩》，载《中国书画》2004年第4期，第34—41页。

③ 参见：徐学标：《缪篆新辩》，载《中国书画》2004年第4期，第39页。

【注释】

（1）“壁中书”句：见本章第四节“古文，孔子壁中书也”注释。

（2）张苍（公元前256—前152年）：西汉丞相，封北平侯。

郡国：郡和诸侯国。汉初郡国两制并行，既继承秦制，分天下为郡，郡直属中央，又分封诸侯王国，由诸侯王统治。

鼎彝：古代祭祀用的礼器。

铭：刻在石碑或器物上的文字。

（3）叵：不，不能。

远流：悠远历史及流变。

（4）大共非訾（zī）：极力否定与诋毁。

非：通诽，诽谤。

訾：诋毁。

好奇者：好弄奇怪之人。

故：故意。

诡更：变更，篡改。

（5）乡壁：对着墙壁，比喻凭空捏造。

乡：通向。

常行：日常所通行。

耀：光耀，获得名声。

【日语注释】

（1）「壁中書」の文：前文の「古文、孔子壁中書也」の注釈を参照。

（2）張蒼：（紀元前256—前152年）前漢の丞相であり、北平侯に封ぜられた。

郡国：郡と諸侯国のことで、漢では中央政府に直属するのを「郡」と、諸侯の封地を「国」という。

鼎彝：古代の祭器である。

銘：石碑や器物などに刻みつけられた文字である。

（3）叵：不可能のような否定の意味を表す言葉である。

遠流：長い伝統や歴史のことである。

（4）大共非訾：世の中の人皆（古文）を否定し誹謗する。

非訾：謗る、否定する、誹謗する。

【今译】

所谓的壁中书,就是鲁恭王拆毁孔子宅而(在夹壁中)找得的《礼记》《尚书》《春秋》《论语》《孝经》(等古文典籍)。(采用"壁中书"古文的,)还有北平侯张苍献于朝廷的《春秋左氏传》,以及一些郡和诸侯国经常从山川中发掘出的鼎彝上的文字,它们都是前代的古文,自然彼此相似。虽然(这些古文字的)悠远历史及流变不可能再现了,但其大概情况还是能略加说明的。然而世人极力否定与诋毁古文,认为这是好弄奇怪的人故意改变正规字体,凭空捏造出的谁也搞不懂的文字,他们变乱日常通行的正规字体,企图借此在世上获得名声。

【日译】

壁中の書というのは、魯(前漢の郡国)の恭王(劉余)が孔子の家を取り壊す際に、その壁の中から得た『礼記』『尚書』『春秋』『論語』『孝経』(などの古文典籍)のことである。そして、(このような古文典籍の他に)北平侯(前漢の官僚)の張蒼が献上した『春秋左氏伝』があった。更に郡国や諸候国がしばしば山川より見つけ出した鼎や彝(のような前代の祭器)に刻まれた銘文が前代の古文であり、いずれも似たものであった。(これらの古文の)遠い昔のことや推移は再現し難いとはいえ、その詳細の凡そのことは説明できるのである。それなのに世の人々は古文を否定し謗り、明らかに奇を好む者がわざと正しい字体を変えて、根拠なしに訳の分からない文字を作りあげたに相違ない。(この人たちは)日常通用の正しい字体を変えて乱すことで世の中で注目を集めようとしているのだと考えている。

【日译解析】

"乡壁虚造不可知之书"中"乡壁"并非指儒生们真的面壁造字,实为不去实际考察、凭空想象之意。若将其直译为"面向墙壁"则与原文不符。福本译本就将其直译为"壁に向かってわけのわからぬ文字をこしらえあげ";远藤译本中译为"孔子の壁に向かって知りもしない書物を出っちあげた",且远藤译本中将"书"理解为书籍也属误译。本译文对该句中"乡壁"进行了意译,将其译为"根拠なしで",以表达毫无依据之意。

【原文】

诸生竞说字解经,喧称秦之隶书为仓颉时书云[1]:父子相传,何得改易?

乃猥曰：马头人为长，人持十为斗，虫者屈中也<sup>(2)</sup>。廷尉说律，至以字断法<sup>(3)</sup>，"苛人受钱"，"苛"之字"止句"也<sup>(4)</sup>。若此者甚众，皆不合孔氏古文<sup>(5)</sup>，谬于史籀。俗儒鄙夫玩其所习，蔽所希闻，不见通学<sup>(6)</sup>，未尝睹字例之条，怪旧艺而善野言，以其所知为秘妙，究洞圣人之微恉<sup>(7)</sup>。又见《仓颉篇》中"幼子承诏"，因号古帝之所作也，其辞有神仙之术焉<sup>(8)</sup>。其迷误不谕，岂不悖哉<sup>(9)</sup>！

**【注释】**

（1）诸生：诸儒生。

竞：竞相。

喧称：大声宣称。

喧：大声说。

（2）猥（wěi）曰：瞎说。

猥：浅薄，鄙陋。

马头人为长：隶书"长"字上半部分为"马"字，下半部分为"人"字。而实际上古文"长"是象形字，似长发披肩。

人持十为斗：隶书"斗"字可分析为"人"手中握着"十（升）"。而实际上古文"斗"是象形字，似斗形。

虫者屈中也：隶书"虫"字的写法是将"中"字的一竖弯曲。而实际上古文"虫"为象形字，象虫之形。

（3）廷尉：官职，掌刑狱。

律：法令。

至：竟至于。

（4）"苛人受钱"句：隶书"苛"字上半部分为"止"字，下半部分为"句"字，句同钩，意为止之而钩取（没收）其钱财。而实际上苛同诃，俗作呵，意为苛责、谴责，因此"苛人受钱"的真正意思是谴责收受贿赂。

（5）孔氏古文：指孔宅夹壁所藏典籍使用的古文（究竟系哪种文字目前尚无定论，详见本节第122页"难点解说"）。

谬于：不合乎于。

（6）俗儒鄙夫：迂腐的儒生与浅薄之人。

玩其所习：欣赏与卖弄其所习见之物。

玩：玩味，玩弄。

所习：所习见之物，这里指隶书。

蔽所希闻:不明白其所未见的。

蔽:遮蔽,不明白。

希闻:所未见的,此处指上述"孔氏古文"。

通学:博通的学问。

(7)字例之条:指造字的法则,即"六书"。

怪旧艺而善野言:将古文经传看成是怪诞的,信奉那些无稽之谈。

怪:以之为怪异。

旧艺:这里指旧有的古文经传。

善:爱好。

野言:道听途说之言。

秘妙:玄妙。

究洞:洞达其究竟。

微恉(zhǐ):深奥隐微的旨意。

恉:同旨。

(8)"幼子承诏"句:"幼子承诏"是李斯《仓颉篇》中的一句(《仓颉篇》以四字为一句),幼子指学童,诏为教导、训诫之意,整句话意为学童蒙受师长之教诲。而俗儒鄙夫固守"君命曰诏"的解释,将"诏"字理解为帝王的诏令,因此妄说《仓颉篇》乃"古帝之所作也"。古帝指黄帝,传说中黄帝死时乘龙升天,因此俗儒鄙夫又凭此断定书中记载着黄帝乘龙升天的"神仙之术"。

(9)迷误不谕(yù):执迷不悟。

谕:明白,知晓。

悖:违背。

【日语注释】

(1)諸生:諸儒生、諸学生。

競:競い合う。

喧称:大声で宣言する。

喧:大声で堂々と言う。

(2)猥曰:でたらめに言う。

猥:学識や教養に欠ける。

馬頭人為長:隷書における「長」という字の上部は「馬」の上部で、下部は「人」の下部である。実は古文における「長」は「形象り」の字で、長い髪の

様子を象って創り上げられた文字である。（表6.1に参照）

　人持十為斗：隷書における「斗」という字は「人が『十』を持つ」のように分析されている。実は古文における「斗」は「形象り」の字で、「斗（ます）」の形象って創り上げられた文字である。（表6.1に参照）

　虫者屈中也：隷書における「虫」という字は文字「中」の縦画を曲がって書かされた文字である。実は古文における「虫」は「形象り」の字で、虫の様子を象って創り上げられた文字である。（表6.1に参照）

（3）廷尉：裁判・刑罰などをつかさどる官。

　律：法令。

　至：まで。

（4）「苛人受銭」の文：隷書における「苛」の上部は「止」で、下部は「句」である。「句」は「鈎」と同じで、そのため「苛」を「人を止めてその銭を鈎取する」と曲解した。実は、「苛」は「訶」（俗字「呵」）と同じで、厳しく非難する、譴責するという意味である。「苛人受銭」の本意は「為政者が庶民の金銭（賄賂）を受けることを強く非難するということである。そのため、上記の「長」、「斗」、「虫」、「苛」の四文字の解釈は儒生たちがでたらめにこじつけるものである。

（5）孔氏古文：孔子の旧宅の壁の中に所蔵した経典で使われた文字である。

　謬于：〇〇と合わない。

（6）俗儒鄙夫：古い観念を抱き融通がきかない儒生及び浅薄な人。

　玩其所習：今まで学んできたものをひけらかす。

　玩：ひけらかす。

　所習：今まで学んできたもの。ここでは「隷書」を指す。

　蔽所希聞：今まで聞いたことのないものを知らないままでいる。

　蔽：遮る、知らないまま出ることを意味する。

　希聞：ここでは「今まで見たことのない孔氏の古文である」と解釈する。

　通学：学問に精通すること。

（7）字例之条：造字の法則、即ち「六書」である。

　怪旧芸而善野言：古文の経典を怪しみ、でたらめな話を親しむ。

怪：怪しむ。

旧芸：古くから伝わってきた古文の経典。

善：親しむ。

野言：でたらめな話。

秘妙：玄妙。

究洞：委細を洞察する。

微恉：奥深く隠れされた旨。

恉：「旨」と同じ。

(8)「幼子承詔」の文：「幼子承詔」の文は李斯『倉頡篇』の出典である。幼子は学童であり、詔は指導、教戒である。この文は本来「学童が先生の教戒を承る」という意味である。しかし、頭の固い儒生及び浅薄な人たちが「君命日詔」という解釈に固執し、「詔」を「帝王の詔書」と理解したため、『倉頡篇』を「黄帝が作るものである」とでたらめに解釈した。伝説により、黄帝が亡くなった後、竜に乗って天に昇ったそうである。そのため、彼らはこの説から、『倉頡篇』では黄帝が竜に乗り天に昇った仙人の術を記載していると断定した。

(9)迷誤不諭：ある考えに固執し悟らない。

諭：了解、悟る。

悖：背く、悖る。

【今译】

儒生们竞相解说文字与古代典籍,极力宣称秦代才有的隶书乃仓颉时代的文字,说道:(既然文字)是父子间一代一代传下来的,怎么会改变呢?(他们)还这样瞎说:"马"字在上,下面加一"人"字,便是"长"字;"人"手中握着"十(升)"是"斗"字;"虫"字的写法是将"中"字的一竖弯曲。刑狱官员解说法令,竟然凭拆解与分析(隶书的)字形来断案,(例如),"苛人受钱"(原意是谴责收受贿赂),而"苛"字被拆解为上"止"下"句"(故理解为止之而钩取其钱,即阻止这一行为并没收赃款)。这类例子不胜枚举,(这些解说)都与孔壁所藏典籍的古文不符,也不合乎史籀的大篆。那些迂腐的儒生与浅薄之人只能欣赏与卖弄其所习见的(隶书),却不明白其所未见的(古文),(他们)未见识过博通的学问,不懂得造字的法则,故将古文经传看成是怪诞的,信奉那些无稽之谈,并认为自己知道的东西玄妙至极,洞达了圣人深奥隐微的旨意。(他们）又看到《仓颉篇》中有一句"幼子承诏"，便说这是黄帝时代所作，此句记载的是黄帝乘龙升天的神仙之术。这些人执迷不悟，简直违背事理！

**【日译】**

　　学生たちが競い合って文字と古代典籍を解釈するに、秦の隷書を倉頡の時の文字とし、「（文字）は代々伝えられてきたものであるから、どうして改めることができるだろうか。」と論じ合い、文字をでたらめに解釈する風潮が盛んになっていた。例えば「馬」の上部を取り、その下に「人」の字を加えることにより、「長」という字が成り立つ。「人」が「十（升）」を持っているから、「斗」という字が成り立つ。「中」（の縦画）を曲げることで、「虫」という字が成り立つ。などである。廷尉（官名）でさえも法律を説明するのに（隷書の）字形を解体し分析することで案件を判断していた。（例えば）「苛人、銭を受く」（賄賂を受けることを責めるという意味）という条文では、「苛」という字を（隷書の通りに）「止」の下に「句」と分解して解説した（このような行為を止め、不正のお金を没収するという意味）。このような例ははなはだ多く、（これらの解説は）全て、孔子宅の壁に所蔵された典籍に載せられている古文に合わず、太史籀により創った大篆の字体とも合っていない。頭の固い儒生および浅薄な人は今まで学んできた（見てきた）隷書を鑑賞しひけらかすしかなく、今まで見たことのない古文を知らないままであった。（その人たちは）博大な学問を知らず、造字の法則も知らず、古文の経典を怪しみ、でたらめな話に親しみ、自分たちの知っていることを玄妙な知識であると信じ込み、自分たちは、聖人の奥深い旨まで達して洞察していると考えている。（彼らは）また『倉頡篇』にある「幼子承詔（学童は、天帝の言葉である詔を承る）」という文をみて、『倉頡篇』は昔の黄帝が作ったもので、この文は黄帝が神仙の術を持つということを述べているという。その解釈に固執し悟らないということは、なんと道理に背くことではないだろうか。

**【日译解析】**

　　"苛人受钱"如注释所示，是儒生们按照现行的隶书将该字的字义曲解为"阻止那样的人，并没收其钱财"，然而该句实为"谴责收受贿赂"之意。若在译文中没有体现出两者的差别，读者很难理解许慎所表达的意思。如远藤译本将其直译为"苛の字を止句と解釈している例がある"，日本读者无法理解"止句"的含义，且该字的本意以及所被曲解的意思为何，也无从得知。福本译本也仅直译了原句,在注解中对该句进行了详细的解说,然而注释的方式对于读者连贯的阅读习惯来说并不适合。故在本译文中,我们以括号加注的方式,对该句的正确含义和被曲解的含义进行了补充,以便读者在阅读译文时有效地理解原文。

【难点解说】

我们今天所谓的"古文",与专业学者或古人所谓的"古文"是不同的。今天所谓的"古文"通常是个十分宽泛的概念,确切地说不是指"文",而是指"文体"。我们往往将非白话文的古雅文体均称为古文,因此诸子散文、唐诗、宋词、《古文观止》都是通常所谓的古文。然而从专业的角度来讲,"古文"指的是"文字",更确切地说,是指汉字的不同字体。

如本章第四节所言,从今天的角度来看,"古文"指"隶变"前的文字(包括大篆与小篆),这一概念是相对于"今文"(即我们今天使用的楷书)而言的。但从许慎所处的年代来讲,"壁中书"的"古文"特指篆书中较古的大篆,但不包括籀书。①然而,大篆包括小篆以前的各种字体,那么"壁中书"究竟是用哪种大篆写成的呢? 许慎未提供明确答案,至今学界也无定论。有学者认为"壁中书"的文字属齐鲁文字,②但也有学者认为其为楚国文字,至少是受到了楚国文字强烈影响的齐鲁文字。③

许慎以"长""斗""虫"三个字为例,批评了当时的俗儒们固执己见,仅凭其熟知的隶书来解说文字,结果歪曲了事实。许慎主张追本溯源的治学态度是可敬的,不过囿于其所处年代,未能见到甲骨文等其他更多的古老文字,因此《说文解字》对汉字字形的分析未必全部正确。根据甲骨文,"长""斗""虫"三个字均为象形(见表6.1"长""斗""虫"三字的甲骨文、小篆与隶书)。"长"字如一位披头散发、手拄拐杖的长者,"斗"字如一只带有长柄的勺子,"虫"字形似一只小虫。许慎对"斗"字与"虫"字的解释与甲骨文相符,认为都是象形字。但他认为"长"字是会意字,意为久远,解释为从兀从匕,兀者,高远意也,久则变匕。

---

① 从"及宣王太史籀著《大篆》十五篇,与古文或异"这句(见本章第三节)可以看出,许慎所谓的"古文"虽为大篆,却不包括太史籀著《大篆》所用的字体,因为这种字体与小篆较接近,小篆正是"取史籀大篆,或颇省改"(见本章第三节)而成的。
② 何琳仪:《战国文字通论》,中华书局1989年版,第45页。
③ 李学勤:《论孔壁中书的文字类型》,载《齐鲁文化研究》2002年第1辑,第5—6页。

表6.1 "长""斗""虫"三字的甲骨文、小篆与隶书①

| 今字 | 甲骨文 | 小篆 | 隶书 |
|------|--------|------|------|
| 长 | | | |
| 斗 | | | |
| 虫 | | | |

**【原文】**

《书》曰："予欲观古人之象。"(1)言必遵修旧文而不穿凿(2)。孔子曰："吾犹及史之阙文,今亡也夫!"(3)盖非其不知而不问,人用己私,是非无正,巧说衺辞(4),使天下学者疑。

**【注释】**

(1)《书》:指《尚书》。

予欲观古人之象:此语引自《尚书·益稷》,是舜帝的话,意思是我要把古人礼服上的图像显示出来。

观:显示。

象:衣服上的花饰图案。

(2)遵修:遵循与修订。

旧文:古代的典籍。

穿凿:附会。

(3)"吾犹及史之阙文"句:引自《论语·卫灵公》,原文为"吾犹及史之阙文。有马者借人乘之,今亡矣夫!"意思是"我还能看到史书存疑的地方。有马的人把马借给别人骑,(这种精神)现在已经没有了啊!""吾犹及史之阙文"与"有马者借人乘之"之间似乎并无关联,许慎引文中也并没有"有马者借人乘之"这句,因此有学者认为其为衍文。

---

① 表6.1中"长""斗""虫"三字的甲骨文与隶书均出自古文字诂林编撰委员会编撰的《古文字诂林》(上海世纪出版集团、上海教育出版社1999—2004年出版)。在隶书字例中,笔者特意选取了较接近或稍早于许慎生活年代的字体。小篆字例出自许慎撰、徐铉校订的《说文解字》(中华书局2016年版)。

犹及：尚且来得及（看到）。

阙文：存疑不论。

阙：空缺。

亡：无。

（4）非：批评，责备。

人用己私：人们凭借一己之见。

裒（xié）辞：邪说。

裒：同邪。

【日语注释】

（1）『書』：ここで『尚書』を指す。

予欲観古人之象：この文は『尚書·益稷』から引用された帝舜の話である。「私は古人衣装にある模様を表現する。」という意味である。

観：表現する。

象：衣装にある飾りや図案。

（2）遵修：（規則、道理に）従い、それを訂正する。

旧文：古代の典籍。

穿鑿（凿）：こじつける、付会する。

（3）「吾猶及史之闕文」の文：『論語·衛霊公』の文で、原文は「吾猶及史之闕文。有馬者借人乗之、今亡矣夫！」である。「わたくし（孔子）にはなお古書にそのままにしておいた不明な記録が見られる。馬を所有する者は人に借りて乗せる。しかし、この世においてはこのようなことはもう無くなるかな！」という意味である。

猶及：なお見られることまで間に合う。

闕文：不明な文。

闕：欠くこと。

亡：無くなる。

（4）非：責める、非難する。

人用己私：人が自分の意見を用いる。

裒辞：怪しげな言論。

裒：「邪」と同じ。

【今译】

《尚书》记载："（舜帝说）：我要把古人礼服上的图像显示出来。"这句话的意思是必须遵循与修订古代的典籍，不能穿凿附会。孔子说："我还能看到史书存疑的地方，（这种精神）现在已经没有了啊！"这就是批评（有些人）自己不懂也不向人请教，（他们）凭一己之见，不分是非，用歪理邪说来迷惑天下学者。

【日译】

『尚書』には、「わたくし（舜帝）は、古人の服にあるものを表現したい。」という文がある。これは必ず古代の典籍に従い、それを訂正してこじつける解釈をしないということを述べているのである。孔子も「私にはなお古書にそのままにしておいた不明な記録が見られるが、今は（そんな慎重な精神は）もう無くなってしまった」と言った。これは知らない者が人にも尋ねないで、自説をもって是か非かをいい加減にし、巧みな言説や怪しげな言葉で、天下の学者を疑わせていることを非難しているのであろう。

【日译解析】

"予欲观古人之象"中的"观"实为显示的含义。若理解为"看"的含义，则无法与下文的"言必遵修旧文而不穿凿"相联系，且许慎在这段中主要强调如今的儒生们已经不能将文字的原始样貌展现给世人了，他们只能凭借自己所认识的当今流行的隶书来说解汉字。而远藤译本则将该句译为"古人の象を観ようとおもう（想要看古人的象）"，译文对"象"为何意也未作解释，且将"观"译为"看"的含义。福本译本将该句译为"古人の象ったものを見たいと思う（想要看古人模仿的东西）"，其中的"象"译为"模仿（的东西）"，"观"译为"看"。可见，日译本中对该句的翻译存在误译的现象。

"言必遵修旧文而不穿凿"一句中的"文"字意为典籍，所谓"旧文"则指古代留下来的典籍。远藤译本将该字译为"文学"，尽管在日语中"文学"也有广义"学问"的含义，但在现代日语中该词还是多指相对于社会科学、自然科学等学科的一门语言的艺术形式。因此，我们认为将其转译为"典籍"更易于普通的日本读者理解。

【原文】

盖文字者，经艺之本，王政之始，前人所以垂后，后人所以识古[1]。故曰：

"本立而道生","知天下之至啧而不可乱也"[2]。今叙篆文,合以古籀,博采通人,至于小大,信而有证[3]。稽撰其说,将以理群类,解廖误,晓学者,达神恉[4]。分别部居,不相杂厕[5]。万物咸睹,靡不兼载[6]。厥谊不昭,爰明以谕[7]。

**【注释】**

（1）盖：发语词,用于句首,无意。

经艺：经书典籍。

垂后：垂示后人。

（2）本立而道生：引自《论语·学而》,意思是根本确立了,道理就自然生发了。

知天下之至啧（zé）而不可乱也：此语出自《易·系辞上》（传为孔子作）,原文为"言天下之至赜而不可恶也,言天下之至动而不可乱也",意思是"（《易经》）言说了天下最玄奥的道理,而不厌恶它；言说了天下最彻底的变动,却不使之错乱。"

啧：同赜,玄奥之意。

乱：错乱,迷惑。

（3）叙：编排,编列。

篆文：这里指小篆。

合：编排在一起。

古籀：古文和籀文（两者关系详见本节第122页的"难点解说"）。

通人：通达之人。

小大：不论小的和大的,指各种。

证：证据。

（4）稽撰：稽考和撰写。

以理群类：用以整理诸多类别（的文字）,言下之意指用（这部字典）将诸多文字分门别类。

廖（liào）误：谬误。

神恉（zhǐ）：神妙的意旨。

恉：同旨。

（5）分别部居：指按部首编排文字。

杂厕：错乱放置。

厕：置也。

（6）咸：全部。

靡不兼载：没有哪一样不详细记载的。

靡：不，表否定。

兼：兼备，完备。

（7）厥谊：其义。

厥：其。

谊：含义，这里兼含字的音、形、义。

昭：明白，显豁。

爰明以谕：就去将其解释清楚。

爰：于是。

明以谕：以说明告知的方式使问题变得清楚明白。

谕：告知。

【日语注释】

（1）盖：意味のない感嘆の言葉で、よく文の最初におく。

経芸：経書と典籍。

垂後：後世の人に教え示す。

（2）本立而道生：『論語・学而』から引用された文であり、「根本が確立すれば、道理は自然に生ずる。」という意味である。

知天下之至賾而不可乱也：『易・繋辞・上』（孔子により書かれたという説もある）から引用された文であり、原文は「言天下之至賾而不可悪也、言天下之至動而不可乱也。」である。「（『易』）ではこの世における最も奥深い道理を記載しているため、『易』を嫌悪しない。（『易』）ではこの世における最も徹底的な変動を記載しているため、乱れない。」という意味である。

賾：「賾」と同じで、ここでは奥深い意味とする。

乱：乱れる、迷う。

（3）叙：編列する。

篆文：ここでは「後篆書」のことを指す。

合：合わせて編集する。

古籀：古文と籀文。

通人：ある学問に精通する人。

小大：小さいものでも大きいものでも、各種のものを指す。

証:証拠。

（4）稽撰：考察と執筆。

以理群類：○○を以って諸類別（の文字）を整理する。即ち、（『説文解字』の本）で様々な文字を分別するという意味である。

廖誤：誤り、誤謬。

神恉：不思議な旨。

恉：「旨」と同じ。

（5）分別部居：部首に基づき文字を編列する。

雜厠：めちゃくちゃに置く。

厠：置く。

（6）咸：全部。

靡不兼載：そして、詳しく載せないものはない。

靡：否定の意味を表す言葉である。

兼：完全で詳しくする。

（7）厥誼：その意味。

厥：その。

誼：意味であり、ここでは文字の音、形、義の意味をする。

昭：明白する、明らかにする。

爰明以諭：それでその意味を明らかに解釈する。

爰：それで。

明以諭：さとすことで疑問を解明する。

諭：さとす。

**【今译】**

　　文字，是经书典籍的根基，是推行王道的基础，前人（的思想靠它才得以）垂示后人，后人靠它才得以认识前人（的思想）。所以（正如孔子说的）："根本确立了，道理就自然生发了"，"知道了天下最玄奥的道理，就不会感到迷惑"。现在，我编列小篆，并将（相应的）古文和籀文编排在一起，并博采通人之说，一切结论无论大小，都力求确凿而有证据。（我还将）稽考和撰写我的阐释，并在这部字典中将诸多文字分门别类，剖辨谬误，开悟读者，通达（文字的）神妙意旨。（我）按部首编排文字，以避免其杂乱。万事万物都能（在这部字典中）反映，没有哪一样不详细记载的。（若遇上）含义不明的，就努力将其解释清楚。

【日译】

　　文字というのは古文典籍の根本で、王者の政治を推進する基本なのである。前代の人(の思想)を(文字で)後世の人に教え示すことができ、後世の人が前代の人々(の思想)を知ることができるものである。それゆえ、(孔子が言ったように)「根本が確立すれば、道理は自然に生ずる」、「この世における最も奥深い道理を知ると、乱されることがないのである。」後篆書を編列し、古文と籀文を参考とし、博識な人の説を広く取り入れ、今、あらゆる結論は、信用と確証を求められている。それらの解説を考察・選集し、様々な種類のものを整理し、誤りを解き正し、読者を悟らせ、(文字の)不思議な意味に通じさせようとしている。(わたくしは)偏や旁などで文字を編列することを行い、(文字の根本が)雑然としたものになってしまわないようとしている。万物はみな(この本の中で)見つけることができ、そして詳しく載せなかったものはない。意味が不明なものがあれば、説諭することによって疑問を解明している。

【日译解析】

　　"盖"在本段中并无实意，而福本与远藤译本中均译为"思うに("我认为"之意)"，据前后文判断，该句是许慎对文字作用的强调，若理解为"我认为"则较为主观且说服力不强，因此将其理解为一个感叹词更符合原文，故本译文未将该词译出。

　　"前人所以垂后，后人所以识古。"一句中省略的信息较多，若直译该句读者很难理解前人用什么"垂后"？后人以何"识古"？远藤译本就直译为"先人が後の人々に教え示すことであり、後の人々が先人の歴史を識ることなのである"，译文并未出现文字这一重要的主语，因此与文章前后文的脉络有些脱节。而福本译本将该句译为"前代の人が後世にのこし、後世の人が古代をよく知る素材となるものである"，虽然突出了文字的作用，但"垂示"二字的意思并未被译出，与原文不符。故本译文将省略的信息以括号加注的形式进行了补充，译为"前代の人(の思想)を(文字で)後世の人に教え示すことができ、後世の人が前代の人々(の思想)を知ることができるものである"。

　　"今叙篆文"中的叙为"编排、编列"之意，是许慎将小篆编列于《说文解字》中的意思。福本译本译为"述べる(讲述)"有些不妥。

【原文】

其称《易》,孟氏;《书》,孔氏;《诗》,毛氏[1];《礼》《周官》[2]《春秋》《左氏》《论语》《孝经》,皆古文也。其于所不知,盖阙如也[3]。

【注释】

(1)《易》,孟氏:孟氏即孟喜,字长卿,为汉代第一位易学家田何的再传弟子。据《隋书·经籍志》记载,有"《孟氏易》八卷,残阙";清人马国翰《玉函山房辑佚》载《孟氏章句》一卷。

《书》,孔氏:孔氏即孔安国,字子国,西汉鲁国人,孔子第十世孙。从伏生学习《尚书》。曾以今文隶书改写孔壁所得《尚书》《礼记》《论语》《孝经》等古文典籍。此处指的是孔安国《古文尚书》一书,该书以当时通行的隶书改写孔壁古文《尚书》,并为之作"传",成为"尚书古文学"的开创者。按下文"皆古文也"的说法,许慎所引用的为《尚书》古文。

《诗》,毛氏:毛氏即毛亨,西汉鲁国人,据称其《诗经》之学传自子夏,作《毛诗古训传》(简称《毛传》),又传其学于赵人毛苌,故称毛亨为大毛公,毛苌为小毛公。汉人传诗有四家,另三家为鲁诗(申培公所传)、齐诗(辕固生所传)、韩诗(韩婴所传),此三家皆采用今文,而毛诗采用的是古文。

(2)《礼》:指《仪礼》,又称《礼经》或《士礼》,最初直接被称为《礼》。该书为儒家十三经之一,与《周礼》和《礼记》合称"三礼"。传为孔子编订,但实际可能由多人编撰。该书是春秋战国时代的礼制汇编,内容涉及冠、婚、丧、祭、朝、聘等各种礼仪,以记载士大夫的礼仪为主。

《周官》:即《周礼》,儒家十三经之一,与《仪礼》和《礼记》合称"三礼"。传为周公旦所著,但实际可能成书于战国时期,由多人编撰而成。该书详细记载了先秦社会的政治、经济、文化、风俗与礼仪。

(3)阙如:存疑不论。

阙:空缺。

【日语注释】

(1)『易』、孟氏:孟氏は孟喜で、字は長卿である。前漢「易学」の先駆者である田何の弟子である。

『書』、孔氏:孔氏は孔安国で、字は子国である。前漢魯国の人である。孔子の第十世の孫である。伏生に師事し、『尚書』を習った。孔子府の壁の中から発見された『尚書』『礼記』『論語』『孝経』等の古文典籍を隷書で書き直した。

ここでは孔安国により注した『尚書』の本を指す。次の「皆古文也」という文から、許慎が引用したのは『尚書』における古文であると推測できる。

　『詩』、毛氏：毛氏は毛亨で、前漢魯国の人である。毛氏が古文で『詩経』を注した。

　（2）『礼』：最初は『礼』といったが、また『儀礼』『礼経』『士礼』とも称す。儒家の十三経の一つであり、『周礼』『礼記』とともに三礼という。孔子が制定したと伝えられるが、実際は春秋戦国時代に成立したと考えられる。周代の宗教的・政治的・社会的儀礼を詳細に記述したものである。

　『周官』：即ち『周礼』であり、儒家の十三経の一つであり、『儀礼』『礼記』とともに三礼という。周公旦が制定したと伝えられるが、成立は戦国時代以降である。秦の前の時代における政治、経済、文化、風俗などについて詳しく記述したものである。

　（3）闕如：疑いながら論じない。

　闕：欠く。

【今译】

　　本书引文所出自的《易经》（孟喜注本）、《尚书》（孔安国注本）、《诗经》（毛亨注本）、《仪礼》《周礼》《春秋》《左传》《论语》及《孝经》，均为古文版本。其中若有我弄不明白的，就暂且存疑不论。

【日译】

　　この書物で引用された文の出典は『易経』は孟喜により注したもの、『尚書』は孔安国により注したもの、『詩経』は毛亨により注したものであり、及び『儀礼』『周礼』『春秋』『左伝』『論語』『孝経』である。みなは古文で書かれたものである。私が知らないことについてはそのままにしておいた。

【日译解析】

　　本段中所涉及的中国典籍《易经》《尚书》《诗经》《仪礼》《周礼》《春秋》《左传》《论语》《孝经》，因其早已传入日本，对于比较熟悉中国传统文化的读者来说并不陌生，故本译文以日语汉字词直译这些典籍的书名。而对这些典籍较为生疏的读者可参考本译文提供的日文注释。

# 第七章

## 《说文解字叙》的释与译对日语MTI教育的启示

为适应我国近年来急速的国际化发展,促进中外交流,自2007年起国务院学位委员会决定设立翻译硕士专业学位(Master of Translation and Interpreting,缩写为"MTI"),以培养高层次、应用型高级翻译专门人才。日语翻译硕士专业学位(MTI)虽较英语起步晚,但近年来规模在逐渐扩大。高校为培养高层次、应用型的日语翻译人才,对于学科特色、课程设置、翻译实践等方面进行了积极的探索与改革,并将教学重心放在了翻译实践技能的培养上。翻译技能的提高要求译者必须具有扎实的汉日语言基础,因此许多高校开设了"中日语言对比"这门课程,旨在加深学生对中日语言特征的理解,从而提高翻译实践的能力。

"中日语言对比"是日语MTI课程中理论性较强的一门选修课,将该课程的理论教学与翻译实践相结合,对培养学生的综合翻译素养具有重要的意义。本章将探讨基于《说文解字叙》的阐释与翻译实践的"中日语言对比"课程的教学模式。该课程有效地将中日语言对比的相关理论应用于汉日翻译的实践,既具有指导汉日翻译实践的工具性,又富有汉字文化及汉字哲学观的人文性。本课程的模式为"中日语言对比"课程的建设提供了可资借鉴的经验。

据笔者了解,该课程尚未出版过教材,开设该课程的院校大多以学术著作或自编讲义为教材。传统的教学模式一般是在语法、词汇、句法等层面对比中日语言,教学内容偏理论性。这种模式面临如下问题:偏实践的专业是否需要偏理论的课程,又该如何讲授?具体地说,如何通过"中日语言对比"

这门理论课程切实提高学生的翻译实践水平？笔者开设这门课两年来，结合 MTI 的教学特点与自己的研究专长，试围绕中国小学经典文献《说文解字叙》的阐释与翻译，来揭示中日语言转换的规律与特征，做到理论与实践相结合。

# 一、MTI 课程"中日语言对比"简介

## （一）本课程授课目的与任务

"中外语言对比"是全国翻译专业学位研究生教育指导委员会发布的《翻译硕士专业学位研究生教育指导性培养方案》（2011 年 8 月修订）中所列的选修课程。笔者所在学院在制定培养方案时，在保证翻译实践类课程的同时，特开设了此门理论性较强的课程。李成浩指出："中外语言比较课程不仅介绍各种语体的翻译方法与技巧，还把对比分析……语言的差异也融入其中，有助于培养学生对语言的理解能力和敏感性。"①因此，开设该课程的目的在于提升研究生课程的前沿性与高深性，并促进学生对翻译实践的理论性理解。

为达到以上教学目的，笔者设计了如下教学任务：（1）深入理解中日语言的特征及区别；（2）在此基础上对中日翻译方法与策略有深刻的理解；（3）在理解的基础上，对《说文解字叙》的译本进行评析并自译。

## （二）本课程授课教师

为全面落实本课程授课目的与任务，学院安排了两位教师共同承担教学任务。其中一位教师（以下称教师甲）的研究方向为日语教学、翻译学与语言哲学；另一位（以下称教师乙）的研究方向为翻译学、对比语言学、语言哲学及书法。两位教师均为学院青年骨干教师，在所从事的领域发表过一系列论文，并正在合作从事有关《说文解字叙》的日译研究的课题。

两位教师的分工如下：教师乙前期已完成《说文解字叙》的中文注释，因此主要负责对该文本的精读与评析；教师甲前期已完成《说文解字叙》的日译，因此主要负责对该文本翻译的讲解。授课过程中遇到的其他专题，如典籍日译的方法、日本的国字与和制汉语、中日书法介绍、中日文字发展史等，由两位老师按各自的研究专长承担教学任务。

---

① 李成浩：《日语翻译专业建设与人才培养方案的改革探索》，载《日语学习与研究》2018 年第 6 期，第 105 页。

## 二、《说文解字叙》对"中日语言对比"课程的启示

### （一）立足本国语言，抓住文字源头

《说文解字叙》是中国小学经典文献，而日本的汉字源于中国，因此从《说文解字叙》出发对比中日语言的异同，不但有利于弘扬本国文字与文化，且抓住了文字发展的源头，更易认清中日语言的本质特征，例如日本"国字"的造字原理与衰退的原因①、中日两国汉字发展进路之异等。

此外，本课程虽理论性较强，但属于 MTI 课程，因此应力求与翻译相结合。从《说文解字叙》出发梳理与比较中日语言的起源与发展，能为诸多翻译现象提供解释的理据。例如，为何日译中存在直接挪用汉字的独特的"零翻译"，为何这种翻译方式在现代未必可行，我们又为何要采用"训译"，等等。这些问题将在下文探讨。

### （二）提供了汉日翻译批评与实践的范本

如上所述，《说文解字叙》为中日语言比较与翻译提供了一个范本，不仅如此，它也是翻译批评与实践的范本。目前，《说文解字叙》的日语全译本有福本雅一与远藤昌弘两种②，两种译本均采用了"深度翻译（thick translation）"的方式，即在翻译之外还提供了注释、现代日语译文等翻译副文本，这是典籍翻译较宜采用的方式。学生通过对两个译本的鉴赏与批评，并自己动手翻译，可切实领会中日语言的特征，因此该文本可谓汉日翻译实践的范本。

### （三）融合了外语教育的"工具性"与"人文性"

外语教育中一直存在如何兼顾工具性与人文性的问题。查明建指出："无论是 20 世纪 50—70 年代的以培养学生英语听说写读译能力为中心，还是90 年代后期开始的以培养英语复合型人才为目标的人才培养模式，都着眼于学生语言技能的培养，而忽视提升学生的专业能力和人文素质，功利化、实用

---

① 参见：芦晓博、杨晓波：《日本国字构形与汉字"六书"辨异》，载《现代语文》2019 年第 4 期，第 104—108 页。

② 許慎：《说文解字叙》，福本雅一訳注，载田中勇次郎主编，《中国書論大系（卷一）》，二玄社 1977 年版，第 25—62 页。遠藤昌弘：《訳注〈説文解字〉序（I）（II）（III）》，载《駒沢女子大学研究紀要》1996 年第 3 期，第 153—165 页；1997 年第 4 期，第 67—77 页；1998 年第 5 期，第 77—84 页。

化取向明显。"①王文斌将"工具性"归为中国哲学中"器"的范畴,将"人文性"归为"道"的范畴,工具性是人文性的外在体现,人文性是工具性的归宿,两者彼此相互联系、相互作用。②然而,在实际的外语教育中如何将两者统合却是较难解决的问题。

本课程的探索是统合外语教育工具性与人文性的一次尝试。一方面,通过对《说文解字叙》的解读来认识中日语言的特征与中日翻译的规律,并以《说文解字叙》为翻译批评与实践的对象,是语言工具性的体现;另一方面,语言与文化密切相关,对《说文解字叙》的解读离不开对汉字背后的哲学思想的探析,这是语言人文性的体现。本课程力图将《说文解字叙》中蕴含的人文思想融入MTI教育中,使学生对汉字文化有更深入的了解。

## 三、基于《说文解字叙》的解读与翻译的教学设计

### (一)教学设计

下文以笔者所在学院开设的日语MTI课程"中日语言对比"为例,探讨《说文解字叙》在实际教学中的应用。该课程开设在第一学年的第二学期,共授课16周,计32学时,总体教学设计见表7.1。

表7.1 "中日语言对比"教学设计

| 周次 | 讲授内容 | 主讲教师 | 学生任务 |
| --- | --- | --- | --- |
| 1 | 课程概况介绍;世界文字发展史概要 | 甲、乙 | 将《说文解字叙》的原文、白话文,以及两个日译本发给学生,以便学生尽早熟悉该课程的教学内容 |
| 2 | "文""字""书""文字"等概念讲解 | 乙 | |
| 3 | 《说文解字叙》的解读(一):汉字的起源 | 乙 | |
| 4 | 日本汉字的起源 | 甲 | |

① 查明建:《英语专业的人文学科属性与人文课程的意义——以〈国标〉人文课程为中心》,载《外国语言与文化》2017年第1期,第19页。
② 王文斌:《外语教学与外语教育、工具性与人文性之我见》,载《中国外语》2018年第2期,第1—12+16页。

续表

| 周次 | 讲授内容 | 主讲教师 | 学生任务 |
|---|---|---|---|
| 5 | 《说文解字叙》的解读（二）："六书"与汉字的创制 | 乙 | |
| 6 | 日本文字表记体系的形成 | 甲 | 围绕日本汉字的起源及假名的由来，查阅相关文献，并思考日本汉字未能像中国汉字发展至今的原因，并在课上进行汇报 |
| 7 | 《说文解字叙》的解读（三）：汉字的发展与字体的演变 | 乙 | |
| 8 | 日本汉字的历史演变 | 甲 | |
| 9 | 汉字的日本化（一）——国字 | 甲 | 围绕日本国字的产生与发展，查阅相关文献，并思考日本国字的创制与汉字造字法"六书"的关系，并在课上进行汇报 |
| 10 | 汉字的日本化（二）——和制汉语 | 甲 | 围绕和制汉语的创制与发展，查阅相关文献，并思考和制汉语对现代汉语的影响，并在课上进行汇报 |
| 11 | 汉字与中日书法文化 | 甲、乙 | |
| 12 | 《说文解字叙》中的哲学思想 | 乙 | |
| 13 | 基于中日语言特点，介绍"零翻译""训译""释译"等日译方法 | 甲、乙 | 结合课上介绍的翻译方法，挑选《说文解字叙》中的重要段落让学生翻译 |
| 14 | 《说文解字叙》日译本评析与翻译实践（一） | 甲 | 指导学生将其翻译的《说文解字叙》的重要段落与现有译本进行对比，并在课上进行汇报 |
| 15 | 《说文解字叙》日译本评析与翻译实践（二） | 甲 | 同上 |
| 16 | 期末考查 | 甲、乙 | 选取关于中国典籍日译的学术论文，让学生在课堂阅读，并随堂翻译核心部分。课堂提交译文，课后提交一份围绕该译文的翻译实践报告 |

从表7.1可见，笔者在设计教学内容时充分考虑到理论与实践的结合。现将课程设计思路简述如下。

第1—12周主要进行中日语言对比的理论部分的讲解,共分为以下四个模块:

(1)两国汉字起源的对比(第1—4周)。先讲授中国汉字的起源,第4周导入日本汉字的起源,让学生对两国汉字起源的不同有更深入的了解。

(2)两国文字创制方法的对比(第5、6周)。对《说文解字叙》中的"六书"进行解读,尤其是自古争论不断的"转注",引导学生对比日本文字的创制过程。

(3)两国汉字发展的对比(第7—10周)。通过对比两国汉字发展的差异,使学生对日本"国字"与"和制汉语"这两种汉字日本化的独特现象有更深的理解。

(4)两国书法文化与《说文解字叙》的哲学思想(第11、12周)。讲解《说文解字叙》中所述的汉字字体演变与中国书法的联系;介绍日本"书道"的起源与发展,并比较中国书法与日本"书道"的异同;诠释《说文解字叙》中蕴含的哲学思想作为理论部分的总结,让学生对汉字的认识由微观提升至宏观。

第13—15周主要结合前12周的理论教学进行翻译实践,可分为以下两个模块:

(1)日译方法论探讨(第13周)。学生结合课后试译的《说文解字叙》中的"六书"部分,结合中日语言的特点及区别,探讨中国典籍日译的原则、方法与策略。

(2)翻译批评与实践(第14、15周)。结合所学的翻译方法与自己的翻译实践,对《说文解字叙》的两个日译本进行评论。

最后一周为期末考查,考查目的与方式如下:

为考查学生对本课程的理论知识的掌握、汉日翻译方法的应用及实际的翻译能力,笔者在最后一周选取一篇有关中国典籍日译的学术论文,让学生在课堂阅读,提交指定段落的译文,课后提交一份围绕自己译文的翻译实践报告。

(二)教学案例

下文以第13周"日译方法论探讨"为例,详细阐释如何将中日语言对比的理论教学与翻译实践教学相结合。

首先,教师对学生课后试译的《说文解字叙》中关于"六书"的段落加以点评,并以此引出中国典籍日译的三种方法:"零翻译""训译"和"释译"。接着

以"六书"名目的日译为例,分析每种翻译方法的适用性,分析如下:

(1)零翻译是中国典籍术语日译的最常见方法,即直接挪用汉字(但需转换为日本汉字),如将"六书"名目译为"指事、象形、会意、形声、転注、仮借"。零翻译的方法自古有之,因古时日本学者皆精通汉文,故无须翻译。但当今日本普通读者大多不通中文,因中日语言中不少汉字如今形同义不同,故零翻译易引起误解。以上通过中日两国文字的发展讲解日译方法的适用性,可让学生更深刻地明白现象背后的原因。

(2)为了让当今日本普通读者理解中国典籍,现代译文中常采用释译的方法,即在文末对术语进行阐释。此法虽有助于普通读者对典籍的理解,但因篇幅过长,并不适用于正文。更有译者在释译中加入自己的阐释,偏离了原文。

(3)训译方法源于日本古时候以日语的语序和读音阅读汉文的传统,多用于语篇翻译。此法可尽量保持译文的简短,但对现代日本读者来说却较为生疏。但若将训译用于术语翻译,既可避免释译的冗长,又可避免零翻译造成的误解,乃典籍术语日译较宜采用的方法。笔者采用"训译"翻译的"六书"名目见表7.2。

表7.2　"六书"名目的训译

| 原文 | 指事 | 象形 | 会意 | 形声 | 転注 | 假借 |
|------|------|------|------|------|------|------|
| 训译 | 物事指し | 形象り | 意合わせ | 意音合せ | 意符付け | 音借り |

翻译理论的教学是MTI课程中必不可少的内容,正如何刚强教授所指出的,我们培养的翻译人才"须具备相当的翻译宏观视野,即对于翻译本质的理解、对于翻译过程的认识……都能在理论上有所知有所悟。唯其如此,我们培养的译才方有可能高屋建瓴地去适应各类复杂的翻译局面、挑战各种翻译责任、高质量地完成各项翻译工作"[①]。笔者所担任的"中日语言对比"作为一门理论性课程,应与汉日翻译实践紧密结合。因此,笔者以中国小学经典文献《说文解字叙》为文本,通过对其阐释与翻译,以培养学生的翻译综合素养,并尝试以此融合外语教育的工具性与人文性的教学方法颇具探索意义,对于翻译人才的培养是一项十分有益的尝试。

---

① 姜倩、何刚强:《翻译概论》,上海外语教育出版社2016年版,前言页。

# 参考文献

## 一、专　著

Chang，Ch'ung-ho & Hans H. Frankel. *Two Chinese Treatises on Calligraphy*. New Haven：Yale University Press，1995.

新井白石．同文通考．東京：勉誠出版，1979.

陳力衛．和製漢語の形成とその展開．東京：汲古書院，2001.

藤原楚水．訳注書譜·続書譜の研究．東京：省心書房，1973.

陈嘉映．语言哲学．北京：北京大学出版社，2003.

陈硕．书谱·续书谱．杭州：浙江人民美术出版社，2012.

邓散木．书法学习必读：续书谱图解．香港：太平书局出版社，1961.

何华珍．日本汉字和汉字词研究．北京：中国社会科学出版社，2004.

何琳仪．战国文字通论．北京：中华书局，1989.

侯开嘉．中国书法史新论．上海：上海古籍出版社，2003.

姜倩,何刚强．翻译概论．上海：上海外语教育出版社，2016.

金岳霖．知识论．北京：中国人民大学出版社，2010.

卡特福德．翻译的语言学理论．穆雷,译．北京：旅游教育出版社，1991.

刘元满．汉字在日本的文化意义研究．北京：北京大学出版社，2003.

潘钧．日本汉字的确立及其历史演变．北京：商务印书馆，2013.

钱存训．书于竹帛：中国古代的文字记录．上海：上海书店出版社，2006.

水采田．宋代书论．长沙：湖南美术出版社，1999.

孙雍长.转注论：汉字孳乳之大法（增补本）.北京：语文出版社,2010.

谭学念.孙过庭·书谱.南京：江苏美术出版社,2008.

王宏印.中国文化典籍英译.北京：外语教学与研究出版社,2009.

王士菁.中国字体变迁史简编.北京：文物出版社,2006.

维特根斯坦.逻辑哲学论.韩林合,译.北京：商务印书馆,2017.

辛战军.老子译注.北京：中华书局,2008.

许慎.说文解字注.段玉裁,注.上海：上海古籍出版社,1988.

许慎.说文解字.徐铉,校订.北京：中华书局,2016.

姚淦铭.汉字与书法文化.南宁：广西教育出版社,1996.

宇文所安.中国文论：英译与评论.王柏华,陶庆梅,译.上海：上海社会科学院出版社2003.

赵平安.隶变研究.保定：河北大学出版社,2009.

周积寅,史金城.近现代中国画大师谈艺录.长春：吉林美术出版社,1998.

周汝昌.永字八法——书法艺术讲义.桂林：广西师范大学出版社,2002.

朱友舟.姜夔·续书谱.南京：江苏美术出版社,2008.

## 二、论　文

Appiah, K. A. Thick Translation. *Callaloo*，1993(4)：808-819.

Hermans, T. Cross-cultural Translation Studies as Thick Translation. *Bulletin of the Shool of Oriental and African Studies*，2003(3)：380-389.

笹原宏之.術語としての「国字」.国語学研究と資料,1990(14)：1-10.

姜夔.續書譜.西林昭一,訳注//中田勇次郎.中国書論大系（卷六）.東京：二玄社,1979：276-347.

孫過庭.書譜.西林昭一,訳注//田中勇次郎.中国書論大系（卷二）.東京：二玄社,1977：93-177.

峰岸明.国字「小考」.横浜国大国語研究,1987(5)：71-75.

蔡龙权.在可能与不可能之间——关于可译性与不可译性道德思考.上海师范大学学报（哲学社会科学版）,2008(5)：116-125.

曹明伦.当令易晓,勿失厥义——谈隐性深度翻译的实用性.中国翻译,2014(3)：112-114.

陈红.汉字造字模式与日语的"国字".解放军外国语学院学报,2002(4)：33-36.

崔崟.进入中国的「和製漢語」.日语学习与研究,2007(6):22-26.

冯天瑜.经济·社会·自由:近代汉字术语考.江海学刊,2003(1):22-26.

盖晓兰.后期维特根斯坦意义观在翻译中的运用.外语学刊,2009(6):150-153.

高坤.浅谈汉字"六书"与日本"国字".现代语文,2011(8):156-157.

贺麟.论翻译//中国翻译工作者协会《翻译通讯》编辑部.翻译研究论文集(1894—1948).北京:外语教学与研究出版社,1984:126-132.

胡传乃.日本的"国字".日语学习与研究,1999(2):75-78.

黄德宽.汉字理论研究的重要进展——评孙雍长《转注论》.语文建设,1994(7):39-42.

黄海容.本雅明翻译观述评.中国翻译,2007(4):19-24.

金玲.浅议日语"国字"与中国六书.教学研究(外语学报),1989(4):58-61.

柯克雷.中国现代新词与流行词的日语偏向——以"颜"为例.浙江工商大学学报,2016(2):29-38.

李成浩.日语翻译专业建设与人才培养方案的改革探索.日语学习与研究,2018(6):102-109.

李学勤.论孔壁中书的文字类型.齐鲁文化研究,2002(1):5-6.

刘传珠.可译性问题的语言功能观.中国翻译,2000(1):31-34.

刘政仙,黄焰结.维特根斯坦语言哲学中的翻译视角.山西大同大学学报(社会科学版),2012(1):99-102.

龙明慧.数位化时代深度翻译在《茶经》翻译中的创新应用.编译论丛,2019(1):59-76.

芦晓博,杨晓波.日本国字构形与汉字"六书"辨异.现代语文,2019(4):104-108.

马国权.缪篆研究.古文字研究,1981(5):261-290.

潘钧.汉文训读与日语语言文字的形成.外语学界,2013(2):1-7.

裴梦苏.谈《说文》中的"同意"术语与"转注"的关系.汉字文化,2016(1):41-44.

秦明吾.关于日本国字(和制汉字)汉语读音和汉译之研究——以22个最常用国字为例.日语学习与研究,2016(3):90-97.

邱懋如.可译性及零翻译.中国翻译,2001(1):24-27.

司显柱,刘莉琼.论译文的效度和信度.中国翻译,2009(3):60-63+96.

宋晓春.论典籍翻译中的"深度翻译"倾向——以21世纪初三种《中庸》英译本为例.外语教学与研究,2014(6):939-948+961.

苏畅.语言游戏思想关照下的翻译研究.外语学刊,2013(6):76-79.

孙彬.论西周从"philosophy"到"哲学"一词的翻译过程.清华大学学报(哲学社会科学版),2010(5):122-131+160.

唐述宗.是不可译论还是不可知论.中国翻译,2002(1):54-57.

田庆芳.语言的不可译性与文化的不可译性比较.上海翻译,2007(2):47-51.

汪榕培.为中国典籍英译呐喊——在第三届全国典籍英译研讨会上的发言.中国外语,2006(1):66.

王宾.论不可译性——理论反思与个案分析.中国翻译,2001(3):8-16.

王宾."不可译性"面面观.现代哲学,2004(1):81-87.

王凤阳."六书"中的两个矛盾——转注、假借新论.东北师大学报(哲学社会科学版),1986(5):132-138.

王宏印.典籍翻译,任重道远——关于中国文化典籍翻译的问题与思考//潘文国主编.中国英汉语比较研究会第十次全国学术研讨会暨2012英汉语比较与翻译研究国际学术研讨会论文集.上海:上海外语教育出版社,2014:281-297.

王克非.汉字与日本近代翻译——日本翻译研究述评之一.外语教学与研究,1991(4):44-47.

王文斌.外语教学与外语教育、工具性与人文性之我见.中国外语,2018(2):1-12+16.

王雪明,杨子.典籍英译中深度翻译的类型与功能——以《中国翻译话语英译选集》(上)为例.中国翻译,2012(3):103-108.

王运璇.日本"国字"刍议——从概念整合看国字意义构建.和田师范专科学校学报,2011(5):62-64.

吴冰,朱健平.认同与变异:深度翻译在我国的接受研究.语言与翻译,2018(3):73-79.

谢萌."图像论"意义观的本体论解读——维特根斯坦意义理论拓展性研究之一.外语学刊,2012(6):8-13.

谢天振.中国文学走出去:问题与实质.中国比较文学,2014(1):1-10.

融通中西·翻译研究论丛

徐学标.缪篆新辩.中国书画,2004(4):34-41.

杨晓波.论《说文解字叙》中的术语英译——以 K. L. Thern 的评注式译本为例.中国翻译,2015(3):105-109.

杨晓波.语言、世界与超越——《逻辑哲学论》与道家语言哲学对比.浙江理工大学学报(社会科学版),2017(2):139-144.

杨衍松.古老的悖论:可译与不可译.外语与外语教学,2000(9):51-53.

曾杰.可译性之哲学依据——从维特根斯坦语言哲学观谈起.四川教育学院学报,2010(5):94-96.

查明建.英语专业的人文学科属性与人文课程的意义——以《国标》人文课程为中心.外国语言与文化,2017(1):18-26.

张佩瑶.从"软实力"的角度自我剖析《中国翻译话语英译选集(上册):从最早期到佛典翻译》的选、译、评、注.中国翻译,2007(6):36-41.

周刚,吴悦.二十年来新流行的日源外来词.汉语学习,2003(5):72-78.

周莉.日语国字的造字法.新西部,2009(18):139-140.

周领顺,强卉."厚译"究竟有多厚?——西方翻译理论批评与反思之一.外语与外语教学,2016(6):103-112+150.

朱健,刘松.艾乔恩切企鹅版《墨子》英译中深度翻译策略研究.外语教学,2019(2):99-103.

朱京伟."和制汉语"的结构分析和语义分析.日语学习与研究,1999(4):20-30.

左飚.论文化的可译性.上海科技翻译,1999(2):1-6。

## 三、辞　书

飛田良文,菅原義三.国字の字典.東京:東京堂出版,1993.

方梦之.译学辞典.上海:上海外语教育出版社,2004.

方梦之.中国译学大辞典.上海:上海外语教育出版社,2011.

古文字诂林编撰委员会.古文字诂林(第1—12册).上海:上海世纪出版集团,上海教育出版社,1999—2004.

尚永清,等.新汉日词典.北京:商务印书馆,日本小学馆,2005.

陶明君.中国书论词典.长沙:湖南美术出版社,2001.

新村出.广辞苑.6版.上海:上海外语教育出版社,2012.

周士琦.实用解字组词词典.上海:上海辞书出版社,1986.

## 四、《说文解字叙》中文注本及日、英译本

Thern，K. L. *Postface of Shuo-wen Chieh-tzu*：*The First Comprehensive Chinese Dictionary*. Madison：The Department of East Languages and Literature，University of Wisconsin，1966.

遠藤昌弘.《説文解字》序（Ⅰ）（Ⅱ）（Ⅲ）.駒沢女子大学研究紀要，1996（3）：153-165；1997（4）：67-77；1998（5）：77-84.

岡村繁.《説文解字叙》段注箋釈（一）（二）（三）.（久留米大学）比較文化研究所紀要，1987（2）：1-83；1988（3）：67-97；1989（5）：33-77.

田村（大田）加代子.《説文解字叙》許叙段注訳注の試み（一）（二）（三）（四）（五）.饕餮，2014（22）：3-33；2015（23）：3-16；2016（24）：2-22；2017（25）：2-27；2018（26）：2-20.

許慎.説文解字叙.福本雅一，訳注//田中勇次郎.中国書論大系（巻一）.東京：二玄社，1977：25-62.

郦承铨.说文解字叙讲疏.上海：商务印书馆，1935.

向夏.说文解字叙讲疏.台北：台湾书林出版有限公司，1993.

许慎.说文解字序.潘运告，注//潘运告.汉魏六朝书画论.长沙：湖南美术出版社，1997：7-23.

## 五、网络参考文献

常用漢字表（改訂版）. http://www.bunka.go.jp/kokugo_nihongo/sisaku/joho/joho/kijun/naikaku/kanji/index.html.

# 附录1

# 重要术语汇总(中、日、英对照)

**庖羲氏**:即伏羲(或伏牺),又名宓羲、庖牺(或包牺)等,上古神话人物,三皇之首,人首蛇身,与女娲兄妹相婚,生儿育女。相传他一画开天(是我国文献记载最早的创世神),创立了八卦,发明了文字,变革了婚俗,并教百姓以渔猎与音乐,被誉为华夏人文始祖。

**庖犠氏(ほうぎし)**:伏犠、宓犠、包犠などとも書かれる。古代中国神話に登場する人物であり、三皇(庖犠、神農、女娲)における最も偉大な人物である。人間の頭を持ち、身体は蛇の姿をしている。妹の女娲と結婚し、この二人が人類の祖であると伝えられている。中国では、庖犠が八卦を創る際に、最初の一画で天を開き、そして文字を創り、婚姻習俗を改革し、一般庶民に狩りや漁の技術、及び音楽を教え、中華文明の発祥に大きく貢献したという伝承が語られている。

**Paoxi**, also named Fuxi(伏羲 or 伏牺), is a figure in ancient Chinese mythology, with human face and serpent body. He was said to be married with his sister Nüwa(女娲)and created the human world and the human culture. He was also credited with the invention of Eight Diagrams(八卦), Chinese characters, music, fishing and hunting, as well as the reform of wedding customs. Thus he was regarded as the primogenitor of Chinese civilization.

**结绳**:即结绳记事,《易·系辞下》载:"上古结绳而治,后世圣人易之以书契。"上古之人采用在绳子上打结的方法来记录各类事情,一般会用到好几根绳子,往往以其中之一为主绳,绳子的颜色与材质、打结的方式、结的大小多种多样。

結縄（けつじょう）：縄の結びによって物事を記録する方法である。周易の『繋辞・下伝』には「上古結縄而治,後世聖人易之以書契。」即ち、古代の人は縄の結びで様々な情報を伝達し、物事を記録する。何本も縄を用いることもあり、縄の色、原材料、結び方、結びの大きさはそれぞれ異なる。

**Tying knots** is a method of keeping records in primitive times. People of that time recorded different kinds of things by tying different sizes of knots on different kinds and colours of ropes.

黄帝：本姓公孙,后改姬姓,名轩辕。他是古华夏部落联盟的首领,中国远古时代华夏民族的共主。有的历史文献将其列为三皇之一,有的将其列为五帝之首。

黄帝（こうてい）：本姓は「公孫」、その後「姫」という姓に変え、名は「軒轅」である。漢民族最初の統一国家を建設したと言われる。文献により、中国の五帝の第一人であるという説もあり、三皇の中の一人であるという説もある。

**The Yellow Emperor** is a legendary figure，believed to be the leader of Chinese tribes in prehistoric times and regarded as one of the Three Sovereigns and Five Emperors（三皇五帝）.

仓颉：黄帝左史官,被誉为造字圣人。传说中的仓颉"龙颜四目,生有睿德"。《淮南子·本经训》有"昔者仓颉作书,而天雨粟,鬼夜哭"的记载。

倉頡（そうけつ）：黄帝の史官であり、「漢字の聖人」と呼ばれる。伝説によると、倉頡は顔に四つの目をもつ人物であったという。

**Cangjie** is a legendary figure in remote ancient China，claimed to be the historiographer of the Yellow Emperor（黄帝）and the inventor of Chinese characters.

书契：这里泛指文字。书契原指文书契约,流行于以简牍为主要书写载体的时代,双方在竹片或木片上刻字立约后,一式两份,并在一边刻上一定数量的齿,双方各执其一,以便核验。类似今天盖骑缝章的作用。

書契（しょけい）：ここでは文字のことを指す。そもそも簡牘（竹や木の
札）が主に書く道具として多く使われていた時代において、契約を結ぶ双
方は竹や木の札に字を刻んで、簡牘の片側にのこぎりの歯のように刻んだ
後、それぞれに持つようにする。その後、これが、約束の手形となるもので
ある。すなわち、契約書の一種である。

**Graphs** here refer to the writing system of Chinese language.

文：同纹，意为纹理、图案，这里的"依类象形"泛指表意，因此"文"指的是
指事、象形和会意字。

文（ぶん）：「紋」と同じ、紋様、図案の意味であり、ここの「依類象形」は
表意のことを指すため、この「文」は指事、象形、会意の文字のことである。

*Wen* literally means pattern（纹）, here referring to the graphs created on
the basis of meaning, namely, graphs created with the methods of indicating
state, imitating shape and connecting concepts.

字：这里的"形声相益"泛指音意结合，因此"字"指的是形声和转注字。

字（じ）：形声或いは転注によって創られた漢字のことを指す。ここの
「形声相益」は音と意味を結合することを指す。

*Zi* here refers to the graphs created on the basis of pronunciation, namely,
graphs created with the methods of combining meaning with pronunciation,
adding classifier and borrowing pronunciation.

书：指按一定书写法则写在竹简或白绢上的文或字。

書（しょ）：一定の法則通りで竹や絹の上に書いた文、或いは字のことで
ある。

*Shu* includes *wen*（文）and *zi*（字）when they are written down on bamboo
slips or silk.

五帝三王：五帝三王是上古传说中的华夏民族部落首领，有多种说法，一
般采用司马迁《史记》与皇甫谧《帝王世纪》的说法。按《史记》记载，五帝为黄
帝、颛顼、帝喾、尧、舜；三王指天皇、地皇、泰皇。按《帝王世纪》记载，五帝为

少昊、颛顼、帝喾、尧、舜；三王指伏羲、神农、黄帝。

　　**五帝三王**（ごていさんおう）：五帝について諸説があり、司馬遷『史記』と皇甫謐『帝王世紀』における記載が最も一般的に使われている。『史記』では、黄帝（こうてい）、顓頊（せんぎょく）、帝嚳（ていこく）、帝堯（ていぎょう）、帝舜（しゅん）を五帝としている。『帝王世紀』では小昊（しょうこう）、顓頊、帝嚳、唐尭（とうぎょう）、虞舜（ぐしゅん）を五帝としている。三王とは、夏（か）の禹王（うおう）、殷（いん）の湯王（とうおう）、周（しゅう）の文王（ぶんおう）または武王（ぶおう）のことである。

**Five Emperors and Three Sovereigns** are the legendary leaders in remote ancient China, which have different versions. The versions from Sima Qian's *Records of the Grand Historian*（司马迁《史记》）and Huangpu Mi's *Sovereign Series*（皇甫谧《帝王世纪》）are the most popular. According to Sima Qian, the Five Emperors refer to the Yellow Emperor（黄帝）, Zhuanxu（颛顼）, Emperor Ku（帝喾）, Emperor Yao（尧）and Emperor Shun（舜）, and the Three Sovereigns refer to the Heavenly Sovereign（天皇）, the Earthly Sovereign（地皇）and the Human Sovereign（泰皇）. According to Huangpu Mi, the Five Emperors refer to Shaohao（少昊）, Zhuanxu（颛顼）, Emperor Ku（帝喾）, Emperor Yao（尧）and Emperor Shun（舜）, and the Three Sovereigns refer to Fuxi（伏羲）, Shennong（神农）and the Yellow Emperor（黄帝）.

　　**六书**：指六种汉字造字法则，包括指事、象形、形声、会意、转注、假借。

　　**六書**（りくしょ）：六つの漢字造字法。即ち指事、象形、形声、会意、転注、仮借である。ここでは「六つの造字法」と訓訳する。

*Liu-shu* refers to the six methods of creating Chinese characters, including indicating state（指事）, imitating shape（象形）, combining meaning with pronunciation（形声）, connecting concepts（会意）, adding classifier（转注）and borrowing pronunciation（假借）.

　　**指事**：这是一种抽象的造字法，少数指事字直接用一种抽象的符号来表示某一意思，多数则是在象形字的基础上增减笔画或符号。

　　**指事**（しじ）：抽象的な漢字の創り方であり、一部の指事文字は直接に抽

象的な符号で意味を表すものもあるが、多くの指事文字は象形文字に筆画
や符号を増やしたり減らしたりすることにより意味を表わすものである。
ここでは「物事指し」と訓訳する。

**Indicating state** is a method of creating a new Chinese character to
indicate some object or state, which on some occasions directly uses a simple
symbol, and on most occasions adds or deducts a stroke on the basis of a
pictographic character.

象形：指用线条大致勾画所欲表达的事物外形的造字方法。

象形（ぞうけい）：物の形を大まかにかたどることによって物事の意味
を表す漢字の創り方である。ここでは「形象り」と訓訳する。

**Imitating shape** is a method of creating a new Chinese character, to be exact
a pictograph, by drawing a rough picture of the object it's going to indicate.

形声：形声是按某一事类的音和义，分别取一音符和义符，使两者结合的
造字法。

形声（けいせい）：言葉の意味範疇を表す義符にその言葉と同音（類音）
の声符を付すことによる漢字の創り方である。ここでは「意音合わせ」と
訓訳する。

**Combining meaning with pronunciation** is a method of creating a new
Chinese character by combining one component representing meaning with the
other representing pronunciation.

会意：指合并代表不同事类的字以生成新字的造字方法。

会意（かいい）：二字以上の漢字、及びそれぞれ漢字の意味を組み合わせ
ることによる漢字の創り方である。ここでは「意合わせ」と訓訳する。

**Connecting concepts** is a method of creating a new Chinese character by
connecting two or more components（usually single characters that can not be
further analyzed）.

转注：确立某一事物类别，找一个代表该类别的意符，并将其移附到另一

个作为字根的字上。

转注（てんちゅう）：ある物事の類を確立し、その類を代表する意符を取り上げ、それを漢字の構成要素としての文字に移転することによる漢字の創り方である。ここでは「意符付け」と訓訳する。

**Adding classifier** is a method of creating a new Chinese character, which distinguishes different meanings among a group of same pronounced characters by adding a classifier to each.

假借：是一种表音的造字法，即原本没有为某一意造字，于是按照其叫法找一个同音字来代替。

仮借（かしゃ）：既成の漢字を借り、それと同音或いは類音で意味の異なる別の言葉に転用し、字音のみを借りる漢字の創り方である。ここでは「音借り」と訓訳する。

**Borrowing pronunciation** is a method of creating a new Chinese character by choosing a same pronounced character to replace the one that lacks a written form.

（秦）八体：指秦代的八种字体，包括大篆、小篆、刻符、虫书、摹印、署书、殳书、隶书。

（秦）八体：秦の時代で用いられる八種の書体である。それは大篆、小篆、刻符、虫書、摹印、署書、殳書、隶書である。ここでは「秦における八種の書体」と訓訳する。

**The eight scripts**（**of the Qin Dynasty**）refer to the writing styles current in the Qin Dynasty, including former official script（大篆）, latter official script（小篆）, tally inscription（刻符）, worm shaped script（虫书）, seal engraving script（摹印）, title inscribing script（署书）, weapon inscription script（殳书）and assistant script（隶书）.

大篆：指秦朝统一文字（将小篆作为官方字体）前各国所采用的官方字体。

大篆：秦の始皇帝が文字を統一（小篆を官用書体とすること）する前に

各国において官用書体として用いる書体である。ここでは「前篆書」と訓訳する。

**Former official script** refers to the official writing styles adopted by the states in the Pre-Qin Period, which is earlier than the latter official script（小篆）of the Qin Dynasty.

小篆：指秦始皇为统一文字，由丞相李斯负责省改大篆而成的秦代官方字体。

小篆：秦の始皇帝が文字を統一するため、丞相李斯を命じ、大篆を簡略し創ったものであり、秦の官用書体である。ここでは「後篆書」と訓訳する。

**Latter official script** is the official writing style of the Qin Dynasty, which was simplified from the former official scripts（大篆）by Li Si（李斯）, the Prime Minister who helped the First Emperor of Qin（秦始皇）unify the writing style.

刻符：刻于符信上的字体。符信产生于战国时期，为铜或竹制成，是调兵或通行的凭证。

刻符：符契（割符）に刻する文字の書体である。符契（割符）は戦国時代のものであり、一つの竹や木や銅の表面に文字などを刻し、それを二つに割って別々に所持し、両者を合わせることで互いに相手を信用する方法である。兵隊を派遣し、通行の証拠として用いる。ここでは「割り符に刻む書」と訓訳する。

**Tally inscription script** is a special writing style used for inscriptions on tally as a passport or the command of dispatching troops.

虫书：即"汉六书"中的鸟虫书。"虫"字在古时候可用作动物的总称，因此也包含鸟类，且许慎为了保持二字词的形式，故将"鸟"字省去。鸟虫书是一种像鸟虫之形的字体，用于书幡信（用来传递命令的旗帜）。

虫書：即ち（漢）六書の「鳥虫書」である。古代では「虫」は動物の総称として用いたため、鳥も含まれている。そこで許慎は文書の形式を考慮したうえ、「鳥」の字を省略した。鳥虫書は鳥や虫の形をかたどった漢字の書体を指し、命令を伝える旗に用いる。ここでは「軍陣旗幟に書く鳥虫様の書」と訓訳する。

**Worm shaped script** is the same as the bird-worm shaped script（鸟虫书）of the six scripts of the Han Dynasty（汉六书），a special writing style used on military flags or streamers.

摹印：用于玺印的字体。

摹印：印章に用いる書体である。ここでは「印鑑用の篆書」と訓訳する。

**Seal engraving script** is a special writing style for engraving imperial seals.

署书：封检题字（犹如今天文件封口后加盖骑缝章）及题榜所用的字体。

署書：扁額に記す文字の書体であり、現代の書類を封じる割印と同じである。ここでは「割り印と題字用の書」と訓訳する。

**Title inscribing script** is a special writing style used for document sealing stamps or title inscriptions.

殳书：铸刻兵器题识所用的字体，殳为一种兵器。

殳書：兵器に記す文字の書体である。殳は兵器の一種である。ここでは「兵器に書く書」と訓訳する。

**Weapon inscription script** is a special writing style for inscribing characters on weapons.

隶书：因"官狱职务日繁"，省改自篆书（变圆为方、改曲为直），"以趣约易"而成的一种字体。

隷書：篆書から発展した書体である。篆書の曲線主体から直線主体に転じ、全体的に扁平で文字間の間隔は比較的に広めに取る書体である。ここでは「公務用の書」と訓訳する。

**Clerical script** refers to a kind of writing style assistant to the latter official script（小篆）, created in the Qin Dynasty for clerical use.

　　**草书**：这里指章草，它是一种解散隶体，省改隶书笔画而形成的简便快捷的连笔书写方法，但字字独立不连笔。而所谓的"今草"则是省改楷书笔画而成的，且字内、字与字之间的笔画皆相连。

　　**草書**：ここで「章草」のことを指す。隷書の書体を解散し、隷書の筆画を省いたり、略したりし、速記の便を図るための筆画をつながる漢字の書き方である。その書体で書いた漢字は筆画が繋がっているが、漢字自体が独立する。それに対して、「今草」という書体は楷書の筆画を省いたり、略したりしたものであり、漢字の間に筆画で繋がっている。ここでは「隷書の略した書体」と訓訳する。

　　**Cursive style** here refers to *zhangcao*（章草）, a cursive writing style simplified from the assistant script（隶书）for faster writing with strokes of every character flowing together, which is different from *jincao*（今草）, a writing style simplified from the regular script（楷书）with characters sticking to each other.

　　**小学**：研究文字音、形、义的学问，即音韵学、文字学、训诂学。

　　**小学**：文字の音声、形、意味を研究する学問である。即ち、文字、訓詁、音韻に関する学問である。ここでは「古代の文字学」と訓訳する。

　　*Xiaoxue* can be understood as traditional Chinese linguistics, it includes the study of the composition, pronunciation and meaning of Chinese characters.

　　**（汉）六书**：这里指汉代通行的六种字体，包括古文、奇字、篆书、左书、缪篆、鸟虫书。

　　**（漢）六書**：ここで漢の時代で通用する古文、奇字、篆書、左書、繆篆、鳥虫書の六種の書体である。ここでは「漢における六つの書体」と訓訳する。

　　**The six scripts（of the Han Dynasty）** refer to the six writing styles current in the Han Dynasty, including the archaic script（古文）, abnormal archaic script（奇字）, official script（篆书）, assistant script（左书）, sinuous official script（缪篆）and bird-worm shaped script（鸟虫书）.

**古文**：即中国上古时期的文字，一般泛指包括甲骨文、金文在内的战国之前的文字和战国时期六国通行的文字。

**古文**：中国の秦以前に用いられた文字であり、一般的に甲骨文、金文などのような戦国時代以前の文字と戦国時代に通用する文字のことを指す。ここでは「前篆書（籀文を除く）の異体字」と訓訳する。

**Archaic script** refers to the writing styles of Chinese characters adopted in remote ancient times, including the inscriptions on bones and tortoise shells（甲骨文）and on bronzewares（金文）before the Pre-Qin period, and the writing styles used by different states during the Pre-Qin period.

**奇字**：即古文的异体字。

**奇字**：古文の書体と異なる文字である。ここでは「前篆書（籀文を除く）の異体字」の異体字」と訓訳する。

**Abnormal archaic script** is the variation of the archaic script（古文）.

**篆书**：包括大篆与小篆，在"汉六书"中特指小篆。

**篆書**：大篆と小篆を含み、（漢）六書において小篆のみを指す。ここでは「後篆書」と訓訳する。

**Official script** includes both the former official script（大篆）and the latter official script（小篆）. In the six scripts of the Han Dynasty（汉六书）, it refers to the latter official script.

**左书**：即秦隶书。左通佐，辅佐之意。

**左書**：即ち「隷書」であり、左は「佐」と同じ、「補佐」の意味をする。ここでは「簡略した前篆書」と訓訳する。

**Assistant script** is the same as the clerical script（隶书）, one of the eight scripts of the Qin Dynasty（秦八体）.

**缪篆**：汉代用于玺印的字体。缪意为屈曲缠绕，指该字体的风格。

**繆篆**：漢の時代の印鑑に用いられた書体である。繆とは曲がったり、纏ったりする様子の意味で、この意味を用いながらその書体の特徴を指す。ここでは「曲がりくねった印慣用の篆書」と訓訳する。

**Sinuous official script** is a special writing style for engraving imperial seals, current in the Han Dynasty.

鸟虫书：鸟虫书与"秦八体"的虫书相同，即像鸟虫之形的字体，用于书幡信。

鳥虫書：（秦）八体における「虫書」と同じであり、即ち鳥や虫などの形のような書体で、命令を伝える旗に用いる。ここでは「軍陣旗幟に書く鳥虫様の書」と訓訳する。

**Bird-worm shaped script** is a bird and worm shaped writing style used on military flags or streamers, the same as the worm shaped script（虫书）of the eight scripts of the Qin Dynasty（秦八体）.

融通中西·翻译研究论丛

156

# 附录2

## 《说文解字叙》原文及英译

杨晓波 译

---

### 说文解字叙

东汉 许慎

## Postscript to *Explaining Wen and Analyzing Zi* （An Early Dictionary of Chinese Characters）

Xu Shen（Eastern Han Dynasty）

古者庖羲氏之王天下也,仰则观象于天,俯则观法于地,视鸟兽之文与地之宜,近取诸身,远取诸物,于是始作《易》八卦,以垂宪象。

According to legend, in ancient times, Paoxi governed the world. Looking up, he observed omens in the sky; and looking down, he observed the laws of the earth. He also examined the patterns on flora and fauna. Then, he selected symbols nearby from the human body and afar from other objects. Eventually, he began to invent the Eight Trigrams of *The Book of Changes* in order to convey the omens they represented.

及神农氏,结绳为治,而统其事,庶业其繁,饰伪萌生。黄帝之史仓颉,见鸟兽蹄远之迹,知分理之可相别异也,初造书契。"百工以乂,万品以察,盖取诸夬";"夬:扬于王庭"。言文者宣教明化于王者朝廷,君子所以施禄及下,居

*德则忌也。*

Later, Shennong invented the method of keeping records by tying knots on strings. He adopted this method to govern the country, and then all kinds of trades thrived. However, at the same time, falsification of records followed. Cangjie, historiographer of the Yellow Emperor, seeing the footprints of birds and beasts, and realizing that different patterns were distinguishable, started to invent the graphs for writing. (It is recorded in *The Book of Changes* that "with these written graphs) officials could manage government affairs and people could put anything under scrutiny. This idea was probably taken from the 43rd hexagram Guai（夬）(symbolizing resolution)." (The explanation of this hexagram is), "Guai（夬）: to exert resolve at the king's court." It means that graphs helped the king expound his teachings at the court. (A further explanation is that), "if a king fails to bestow benefits upon his subjects, he will incur their hatred."

仓颉之初作书,盖依类象形,故谓之文。其后形声相益,即谓之字。文者,物象之本;字者,言孳乳而浸多也。著于竹帛谓之书。书者,如也。以迄五帝三王之世,改易殊体。封于泰山者七十有二代,靡有同焉。

When Cangjie began to create graphs, he first imitated the forms of different kinds of things. The graphs thus created were called *wen*. After that, he combined forms with pronunciations, thus *zi* was created. *Wen* represents the original forms of things, and *zi* means reproduction and gradual increase. Graphs written on bamboo slips and silk are called *shu*, which means writing according to certain rules. Since the period of the Five Emperors and Three Sovereigns, the writing scripts have continued changing. Therefore, the past 72 emperors have never applied the same script to the stele inscriptions used to commemorate the Heaven-worship ceremonies on Mount Tai.

《周礼》:八岁入小学,保氏教国子先以六书。一曰指事。指事者,视而可识,察而见意,上下是也。二曰象形。象形者,画成其物,随体诘诎,日月是也。三曰形声。形声者,以事为名,取譬相成,江河是也。四曰会意。会意者，比类合谊，以见指㧑，武信是也。五曰转注。转注者，建类一首，同意相受，考老是也。六曰假借。假借者，本无其字，依声托事，令长是也。

It is recorded in *The Rites of Zhou* that "children（from royal families）after their 8th birthday were sent to the elementary school. Teachers first taught them *liu-shu*（six methods of creating Chinese graphs）. The first is called "indicating state". The composition of these graphs can be understood on being seen; and by further observation their meaning can be grasped. "上（up）" and "下（down）" are examples. The second is called "imitating shape". It is so called because it draws a picture of the object, sketching its outline. "日（sun）" and "月（moon）" are examples. The third is called "combining meaning with pronunciation". It chooses a classifier of meaning according to the category of the object or event and combines it with the classifier of pronunciation. "江（long river）" and "河（stream）" are examples. The fourth is called "connecting concepts". It connects components in a meaningful way in order to indicate something new. "武（war, force）" and "信（trust）" are examples. The fifth is called "adding classifier". It chooses a classifier according to the category the character belongs to, and adds the classifier to another character. "考" and "老"（both meaning aged）are examples. The sixth is called "borrowing pronunciation". In this way, when a written form does not exist, one with the same pronunciation will be borrowed. "令" and "长" are examples.

及宣王太史籀著《大篆》十五篇，与古文或异。至孔子书《六经》，左丘明述《春秋传》，皆以古文，厥意可得而说。其后诸侯力政，不统于王，恶礼乐之害己，而皆去其典籍。分为七国，田畴异亩，车途异轨，律令异法，衣冠异制，言语异声，文字异形。

During the reign of Emperor Xuan of the Zhou Dynasty, a historiographer whose name was Zhou compiled a literary textbook titled *Dazhuan* containing 15 treatises written in the former official script, which was in some ways different from the archaic script. At the end of the Spring and Autumn Period, when Confucius compiled the *Six Classics* and Zuoqiu Ming made his commentaries on the *Spring and Autumn Annals*, they both used the archaic script, which was still understood at that time. Later, during the Warring States Period, the feudal lords waged wars on each other and attempted to overthrow the system of monarchy. They detested rites and music and worried that these would do them harm, so they discarded the ancient canon. During that time, China was split into seven states, each measuring fields according to different standards, making wagons and building roads with different widths, enacting different laws, having different dress codes, and using different languages.

秦始皇初兼天下，丞相李斯乃奏同之，罢其不与秦文合者。斯作《仓颉篇》，中车府令赵高作《爰历篇》，太史令胡毋敬作《博学篇》，皆取史籀大篆，或颇省改，所谓小篆者也。是时秦烧灭经书，涤除旧典，大发隶卒，兴役戍，官狱职务日繁，初有隶书，以趣约易，而古文由此绝矣。自尔秦书有八体：一曰大篆，二曰小篆，三曰刻符，四曰虫书，五曰摹印，六曰署书，七曰殳书，八曰隶书。

When Ying Zheng, the first emperor of the Qin Dynasty, united the country, the Prime Minister Li Si presented a memorial to the emperor, suggesting that (all the systems should be unified and) the graphs incompatible with those of Qin should be abolished. Li Si compiled a literary textbook titled *Cangjie*. Zhao Gao, director of the Imperial Livery Office, compiled a similar book titled *Yuanli*. And the Grand Astrologer Huwu Jing compiled another titled *Boxue*. These books were all written in a script derived from the historiographer Zhou's former official script and simplified in some ways; thus it was called latter official script. During that time, Emperor Ying Zheng ordered the burning of classics and ancient literature. He also dispatched officials to the frontiers and drafted many corvée laborers, which greatly increased the duties of the wardens and other officials. Thus the clerical script was created, aiming to write faster, and the archaic script died out. Since then, there existed eight scripts in use during the Qin Dynasty: former official script, latter official script, tally inscription script, worm shaped script, seal engraving script, title inscribing script, weapon inscription script and clerical script.

汉兴有草书。尉律：学童十七以上始试，讽籀书九千字乃得为吏；又以八体试之。郡移太史并课，最者以为尚书史。书或不正，辄举劾之。今虽有尉律，不课，小学不修，莫达其说久矣。

After the rise of the Han Dynasty, cursive script formally came into use. The Law Enforcement Office demanded that upon reaching their 17th birthday, males had to sit for their first examination, required to recite and write 9,000 Chinese graphs to be qualified as officials. They would also be tested on the eight scripts of graphs. Once passed, they would be sent to the Grand Astrologer for another examination, to choose the best candidate as Imperial Secretary, who was responsible for impeaching those officials who wrote improperly. Nowadays, though the Law Enforcement Office still exists, the examinations have been cancelled, and schools no longer teach the knowledge of language, which has been neglected for a very long time.

孝宣时，召通《仓颉》读者，张敞从受之；凉州刺史杜业、沛人爰礼、讲学大夫秦近，亦能言之。孝平时，征礼等百余人令说文字未央廷中，以礼为小学元士，黄门侍郎扬雄采以作《训纂篇》。凡《仓颉》以下十四篇，凡五千三百四十字，群书所载，略存之矣。

During the reign of Emperor Xiaoxuan of the Western Han Dynasty, a scholar who could read and explain the *Cangjie* was summoned to the court, and Zhang Chang took him as a teacher to study the text. (Later), another 3 persons have also mastered the knowledge of this book. They were Du Ye (governor of the Liang Prefect), Yuan Li (from a place called Pei) and Qin Jin (an imperial scholar). During the reign of Emperor Xiaoping, over a hundred scholars including Yuan Li were summoned to lecture on graphs at the Weiyang Palace. Yuan Li was appointed Imperial Scholar of Language, and the Palace Attendant Yang Xiong, collecting their opinions in the lectures, compiled a book titled *Xunzhuan*, which included 5,340 different graphs, covering nearly all the graphs in the 14 literacy textbooks including the *Cangjie* and in all the ancient literature.

及亡新居摄，使大司空甄丰等校文书之部。自以为应制作，颇改定古文。时有六书：一曰古文，孔子壁中书也；二曰奇字，即古文而异者也；三曰篆书，即小篆，秦始皇帝使下杜人程邈所作也；四曰左书，即秦隶书；五曰缪篆，所以摹印也；六曰鸟虫书，所以书幡信也。

When Wang Mang governed the country as regent, he assigned the Minister of Imprisonment Zhen Feng and other officials to collate all categories of archives. Since it was an assignment from the emperor, they thought they were entitled to make some changes to the archaic script. During that time, there were six types of scripts in use. The first was "archaic script", which was used in the books discovered in a hollow wall of Confucius' former residence. The second was "abnormal archaic script", namely, the variation of the archaic script. The third was "official script", here referring to the latter official script created by Cheng Miao from the place of Xiadu, upon the order of Emperor Ying Zheng. The fourth was "assistant script", here referring to the clerical script of the Qin Dynasty. The fifth was "sinuous official script", used for engraving seals. Finally, the sixth was "bird-worm shaped script", used on military flags and tallies.

壁中书者，鲁恭王坏孔子宅而得《礼记》《尚书》《春秋》《论语》《孝经》。又北平侯张苍献《春秋左氏传》，郡国亦往往于山川得鼎彝，其铭即前代之古文，皆自相似。虽叵复见远流，其详可得略说也。而世人大共非訾，以为好奇者也，故诡更正文，乡壁虚造不可知之书，变乱常行，以耀于世。

The books in the hollow wall of Confucius' former residence include *The Book of Rites*, *The Book of History*, *Spring and Autumn Annals*, *Confucian Analects* and *The Book of Filial Piety*, which were discovered by Prince Gong of the state of Lu when demolishing the house. (They were written in the archaic script. We can also find this kind of script in *Zuo's Commentaries on Spring and Autumn Annals* presented by Zhang Cang (the Marquis of Beiping) to the emperor. Furthermore, in some fiefdoms, sacrificial vessels were often unearthed in mountains and rivers, which also bore inscriptions in the archaic script similar to those in ancient books. Although it is impossible to trace the origin of this script, some rough explanation of its evolution can be given. However, many people rejected this script, thinking that it was something absurd fabricated by those keen on oddity, who must have intentionally tampered with conventional scripts in an attempt to gain fame and glory in the world.

诸生竞说字解经,喧称秦之隶书为仓颉时书云:父子相传,何得改易? 乃猥曰:马头人为长,人持十为斗,虫者屈中也。廷尉说律,至以字断法,"苛人受钱","苛"之字"止句"也。若此者甚众,皆不合孔氏古文,谬于史籀。俗儒鄙夫玩其所习,蔽所希闻,不见通学,未尝睹字例之条,怪旧艺而善野言,以其所知为秘妙,究洞圣人之微恉。又见《仓颉篇》中"幼子承诏",因号古帝之所作也,其辞有神仙之术焉。其迷误不谕,岂不悖哉!

Scholars were very keen on analyzing graphs and interpreting the classics. They claimed that the clerical script born in the Qin Dynasty had first appeared in Cangjie's time, arguing that how could graphs, passed down from fathers to sons, be changed? Thus, they drew ridiculous conclusions that placing "马 (horse)" on the top of "人 (man)" makes the new graph "长 (long)", "人 (man)" holding "十 (ten liters)" means the graph "斗 (decaliter)", and the graph "虫 (worm)" derives from "中 (middle)" with the vertical stroke twisted. Moreover, the Law Enforcement Office even interpreted laws and settled lawsuits by analyzing the structure of graphs. For example, in the phrase "苛人受钱 (accusing a person of receiving bribes)", the graph "苛 (to accuse)" was erroneously interpreted as being composed of "止 (to stop)" and "句 (to confiscate)", (thus this phrase was misunderstood as "stopping and confiscating the bribes".) There are numerous examples in which graphs were erroneously interpreted with no conformity to either the archaic script found in books discovered in the wall of Confucius' former residence or the historiographer Zhou's former official script. Scholars with shallow learning who were mired in what they already knew and blind to what they didn't know never got the chance to appreciate broad and deep knowledge. Therefore, they never understood the methods of creating graphs. They considered ancient literature as absurd and believed these groundless claims. They also believed that they had acquired knowledge so abstruse that they could understand the sage's thoughts. (As another example), when they read the statement in the *Cangjie* that "boys must receive teachers' admonitions (诏)", (they usually misinterpreted "诏 (teachers' admonitions)" as "king's mandate"). Thus, they took it as proof that the book was written during the time of the Yellow Emperor, recording the Yellow Emperor's magical power of riding a dragon up to Heaven. How ignorant and obstinate they were to invent these explanations which fly in the face of truth!

《书》曰:"予欲观古人之象。"言必遵修旧文而不穿凿。孔子曰:"吾犹及史之阙文,今亡也夫!"盖非其不知而不问,人用己私,是非无正,巧说衺辞,使天下学者疑。

It is recorded in *The Book of History* that "(Emperor Shun said), 'I would like to display the patterns on ancient people's robes.'" It means that one must follow and emend ancient literature, instead of distorting it. Confucius said: "I have seen that historiographers in the past usually left a blank space in the book when they felt uncertain. However, this spirit has gone nowadays!" In this paragraph, Confucius reproached those who never learned from others when unclear, but confounded right with wrong according to their bias, and confused other scholars with their beguiling tongues.

盖文字者,经艺之本,王政之始,前人所以垂后,后人所以识古。故曰: "本立而道生","知天下之至啧而不可乱也"。今叙篆文,合以古籀,博采通人,至于小大,信而有证。稽撰其说,将以理群类,解谬误,晓学者,达神恉。分别部居,不相杂厕。万物咸睹,靡不兼载。厥宜不昭,爰明以谕。

Graphs are the foundation of learning classics and the root of ruling a country. (Relying on them), the former generations were able to pass their thoughts on to their posterity, who in return could inherit culture from their ancestors. Therefore, (as Confucius said), "When the foundation is established, the *Dao* naturally grows", and "once grasping the ultimate truth of the world (namely *Dao*), one will never get confused." Thus I compiled this dictionary to collect the graphs of the latter official script and compare them with the former official script along with the historiographer Zhou's former official script. I also absorbed opinions from erudite scholars to make my conclusions reasonable and convincing. Furthermore, I tried to analyze and categorize these graphs, and corrected misinterpretations of them so that their abstruse meanings could be clearly transmitted to scholars. (To achieve this goal), I categorized these graphs according to their components in order to make them distinguishable from one another. Myriad things were recorded in this book. In my writing, when I met something uncertain, I tried to make it clear.

其称《易》,孟氏;《书》,孔氏;《诗》,毛氏;《礼》《周官》《春秋》《左氏》《论语》《孝经》,皆古文也。其于所不知,盖阙如也。

The quotations in this book are from *The Book of Changes* (Meng's version), *The Book of History* (Kong's version), *The Book of Songs* (Mao's version), *Ceremonies and Rites*, *The Rites of Zhou*, *Spring and Autumn Annals*, *Zuo's Commentaries on Spring and Autumn Annals*, *Confucian Analects* and *The Book of Filial Piety*. All these books are the versions written in the archaic script. As for the problems I met in these books, I put them aside before I could solve.

# 附录 3

# 中国书法发生论刍议

"为什么近代科学……是在地中海和大西洋沿岸,而不是在中国或亚洲其他任何地方发展起来呢?"这一问题是由英国著名生物化学家、后以研究中国科技史著称的李约瑟提出的,被称为"李约瑟难题"。中国是世界文明古国,自古在科学技术方面就有了巨大的成就,如四大发明等。然而自17世纪中叶后,中国的科技发展远远落后于西方许多国家,如此大的落差使得李约瑟提出了这个著名的难题。中国与世界,一个永远谈不尽的话题,中国虽自古便与世界有着密切往来,然而在漫长的历史进程中,始终保持着自己的文化特色。因此,李约瑟式难题实可触及各个领域,例如,为什么古代中国哲学不崇尚逻辑分析? 为什么世界上的古典文字只有汉字沿用至今? 又为什么书法艺术只产生在汉字? 等等。此处探讨的是最后一个问题,即为什么书法艺术只产生在汉字? 要回答这个问题,还是应从世界文字的发展中寻找线索。

## 一、世界文字发展鸟瞰

在文字诞生之前,世界古老文明中先出现了刻符和岩画,从中我们可以隐约窥到文字的影子。接着出现了文字画和图画字,它们已能记载较详细的情节,并能初步表达人类的情感了。当然这些仅仅是文字的雏形,真正意义上的成熟文字乃公元前3500年两河流域(幼发拉底河和底格里斯河中下游)的苏美尔人创造的楔形文字,又称"钉头字"。这是迄今发现的世界上最古老的文字。略晚于钉头字,在北非尼罗河流域,埃及人民创造了"圣书字"。而在中国,迄今发现最早的文字是甲骨文,那是公元前1300以前黄河流域的殷商人民创造的,因契刻在龟甲或牛肩胛骨上用于占卜,故称"甲骨文"。甲骨文已是较为成熟的文字,所以它一定有更早的祖先。甲骨文及其以后的中国文字习惯从右至左、从上到下书写,研究认为,这种书写习惯与简牍的形制有关。①简牍是我国古代遗留下来写有文字的竹简和木牍的简称,超过100字的长文写在竹简上,少于100字的短文写在木牍上。因竹简和木牍均成细条状,因此在其上书写的文字是按照由上到下的顺序排列,而简牍的编连顺序则按照从右至左的顺序编成"册",这与后世古代的书写顺序相吻合。若此说成立,那么在甲骨文之前或同时必通行着简牍文字,而甲骨文的"册"字正象征着一捆竹简,只是这些文字未能保存下来或至今仍未被发现。

公元以后,世界各地还产生过其他古老的文字,如美洲的玛雅文字②。但历史最悠久、影响最广的是钉头字、圣书字和汉字三种文字,被称为"三大古典文字"。历史上的古典文字皆为音意文字,然而其他古典文字终究经不起纯粹表音的诱惑,各自完成了自己的历史使命,退出了历史舞台,让位给字母文字。唯独汉字,在经历短暂的以象形为主的时期,又在"假借"的表音道路上徘徊了一下之后走上了音意结合的道路,并经受住了拉丁化的浪潮,抵挡住了电脑科技的冲击,一直绵延至今。汉字未必是世界上最古老的文字,却是沿用至今的唯一的古典文字。汉字的幸存主要有两个原因:一是"六书"造字法的强大创生能力;二是汉字经"隶变"笔画化后形成的独特书法艺术。因此,汉字不但是音、形、意的结合,更是实用与审美的完美结合。

## 二、其他文字是否也有书法

书法是一种艺术,在中国人眼里,艺术不同于且高于美术,因此,只有汉字或某些以汉字为依托的书法才被称为艺术。日本人所谓的"书道"就是一种以汉字为依托的书法艺术。其他文字也有艺术化的书写,但那只是美术。在古代,很多民族都会把自己的文字写得十分漂亮,特别是埃及人,他们创造的圣书字有三体:用于神圣场合的叫碑铭体;用于私人交流的叫僧侣体;僧侣体进一步简化普及于大众,叫人民体。这有点类似于汉字的篆、隶、楷、行、草。其中,碑

---

① 参见:钱存训:《书于竹帛:中国古代的文字记录》,上海书店出版社2006年版,第63页;侯开嘉:《中国书法史新论》,上海古籍出版社2003年版,第3—4页。

② 玛雅文字是美洲玛雅民族在公元5世纪中叶创制的文字,它以象形为基础,也融合了会意、形声等造字方法,是一种音、形、义兼顾的文字。

铭体是十分优美的书体,一个字符就是一幅图画,大自然中的一切在文字中应有尽有。但这也仅仅停留在美术的层面,与汉字的书法艺术不可同日而语。

其实,汉字也曾有过类似的图画字体,如鸟虫书,然而它似乎只在秦代及秦以前作为篆书的美术字体流行过一段时间,随后即湮没无闻,更别说成为一种独立的书法字体了。在现代,随着印刷和信息处理技术的发展,各种文字都拥有多种风格迥异的印刷体。汉字的各种常用字体都能通过电脑生成,电脑甚至能模仿名家书体,如启功的启体、赵佶的瘦金体。从雕版印刷流行的欧、颜、柳、赵体到宋代规范化并沿用至今的宋体,印刷体走的是规范化的道路,全世界文字皆然。难怪"刻板"这一印刷术语成了呆板的同义词。因为,印刷体再怎么美化,终究缺乏人的灵气,只能算美术字,不是书法。

那么,书法和美术字的区别究竟何在?究其根源,乃书法之"法",即书法是有法则的。这法则不是科学能测算的标准,也不是什么硬性规定,"法"即"道"也,难怪日本人称书法为"书道"。道,有可道之道与不可道之道。说得清楚的,是有限的笔画,汉字若不经过隶变而笔画化,那么汉字的书写必定走向埃及碑铭体的图画化道路,或许至今仍在鸟虫书阶段徘徊。说不清楚的则是书法的章法、气韵、神采和意境,这也便是一幅作品最摄人心魄之处。书法乃抒情,即抒发书家的心情、性情与才情,因此,孙过庭能从王羲之不同的作品中窥见他书写时的不同心境——"写《乐毅》则情多怫郁,书《画赞》则意涉瑰奇,《黄庭经》则怡怿虚无……"①。看王羲之的《兰亭集序》,觉得萧散淡远,一派魏晋风度;而颜真卿的《祭侄文稿》则沉郁顿挫,书家的丧侄之痛在字里行间奔流不止。因此,书法有法但又超越法,若一幅书法只剩下规规矩矩的笔画,四四方方的布局,便只能算是印刷体了。

回顾世界上的其他文字,不是笔画过于死板和简单(如钉头字和字母文字),就是笔画毫无规律(如碑铭体),因此这些文字只能走向印刷体和图画字的道路。它们也幽雅美观,但同中国书法相比,缺少一种灵气。也有不少其他文字构造类同汉字,它们是在汉文化影响下的汉字仿造品,如越南的喃字,还有我国许多少数民族的文字(壮字、苗字、瑶字、契丹字、女真字和西夏字等),可是这些文字都没有产生书法,原因是他们不具备产生书法所必需的思想和文化。书法从产生到发展需具备三个条件,即笔画化的文字、特殊的书

---

① 谭学念注评:《孙过庭·书谱》,江苏美术出版社2008年版,第130页。

写工具及一定的哲学思想和思维方式。前两项是书法产生和发展的内部条件和外部条件,最后一项则是条件的条件。

## 三、书法产生的条件

### (一)汉字隶变——书法产生的内部条件

文字的构造特征跟书法的形成有直接关系。有学者认为,书法形成的直接原因就是汉字的象形,[①]其实这是片面的看法。从中国文字的发展可知,象形或许是造字的起源,然而能"画成其物"的毕竟有限,东汉许慎编撰的《说文解字》收字9353个,象形字不过264个。隶变前的汉字中象形字要多得多,然而书法偏偏产生在隶变后基本脱离了象形的汉字。世界上其他民族也不乏完美的象形文字,如埃及圣书字与玛雅文字,但它们都没有发展出真正意义上的书法艺术,因此象形不是书法产生的直接原因。

回顾书法史,李斯是有记载的第一位书法家。到东汉,历史上又涌现出一批书法家,如曹喜、蔡邕。书法艺术的萌芽应在汉代,真正的觉醒则在魏晋之际。而汉代,特别是东汉,正是隶书的时代,因此书法艺术的产生与隶变有着直接的关系。隶变大约萌发于战国时期,秦朝将隶书作为小篆的"佐书",西汉时隶书已较成熟,东汉时隶书作为官书正式荣登大雅之堂。隶变是古今文字的分水岭,是汉字发展史上最大的变革。隶变的最大作用是将汉字笔画化,变弧线为直线,字形变圆为方,笔画变繁为简。

隶变的主要功绩,一是对汉字结构进行了符号化的重组与简化,让其跟上时代的发展,免于灭亡;二是隶变让汉字在继续发展的过程中,促成了书法作为一门自觉艺术的产生。在古文字阶段,由于字形的基础是象形,书法艺术创造便受到了许多掣肘……隶变后的汉字从线条中分化出"丶""一""丨""丿""乀"等基本的构字单位。这些笔画可谓仪态万方、变化无穷,由它组合而成的形体结构就更加富于艺术性。隶变赋予汉字笔画,书法之"法"也才有了着落。汉字的笔画不同于字母和其他古典文字的线条,前者太死板,后者则毫无规则。汉字的美在于笔画间相互支撑、揖让而产生的和谐。笔画有法,而结字或雄奇或妍美,又似无法,在有法与无法间斡旋的,正是人的灵气。

---

[①] 参见:赵平安:《隶变研究》,河北大学出版社2009年版,第69页;王士菁:《中国字体变迁史简编》,文物出版社2006年版,第45页。

随后，在隶变的基础上又形成了楷书、行书、草书（包括章草与今草），各种字体又赋予笔画不同的形态。楷、隶的肃穆端庄与行、草的潇洒奔放，给人以不同的视觉享受，亦让书家有了不同的载体来抒发性情。那李阳冰的小篆、吴昌硕的石鼓文不是书法吗？特别是清代以来，甲骨文、篆书亦成了流行的书法创作书体。其实，所有隶变前的书体在其所处的时代，并没有形成自觉的书法艺术，恰恰相反，是隶变后书法的成熟，才让书法艺术反哺了这些字体。

### （二）书写工具——书法产生的外部条件

隶变是书法产生的内部条件，而要进一步发展成为一门艺术，还需要书写的工具。笔、墨、纸、砚被国人称为"文房四宝"，从排序来看，笔和墨显然被认为是最重要的。而传为王羲之所作的《题卫夫人〈笔阵图〉后》云："夫纸者阵也，笔者刀稍也，墨者鍪甲也，水砚者城池也。"①这里又把纸排在第一位。确实，纸改变了传统的竹帛等书写载体，让书法出现新的面貌。

书法是线条的艺术，其美感是通过线条展现的，而笔笔有力的线条，竟是由一套柔性的书写工具创造的。中国的毛笔是软的，纸是软的，墨更是流动的液体。其他民族的书写工具，不论是芦苇秆、木棍、鹅毛笔还是现代的钢笔、圆珠笔，都是硬的，唯独中国书法用的毛笔是软的。毛笔，柔翰也。"惟笔软则奇怪生焉"②，蔡邕在《九势》中如此慨叹，其总结的书法九种书势，无论转笔、藏锋、疾势、掠笔等，非毛笔之软锋不能为。晋韵唐法、颜筋柳骨，概因"软笔生奇"。周汝昌认为："西方文化艺术，其所以不与中国相同——表现不出生动的气韵、遒媚的点画、高深的境界，正是由于不懂毛笔，不会使用毛笔，不理解毛笔的性能功用之奇妙。没有毛笔，不仅仅是中国艺术不会是'这个样子'的，就连整个中国文化的精神面貌，也要大大不同。"③

书法的书写载体亦不同于其他民族，他们用的是泥板、纸草、羊皮纸以及现代所用的光滑的白纸，这些都不同于中国的宣纸，因宣纸受墨性能好，能产生所谓的墨韵。墨与水调和，加上独特的笔法运用，便立刻在纸上呈现出枯湿浓淡错落的神妙莫测的艺术效果，这也是中国书法为什么不用漆而用墨的

---

① 潘运告编著：《汉魏六朝书画论》，湖南美术出版社1997年版，第107页。
② 潘运告编著：《汉魏六朝书画论》，湖南美术出版社1997年版，第45页。
③ 周汝昌：《永字八法——书法艺术讲义》，广西师范大学出版社2002年版，第118页。

原因。先民们在早期书写中曾使用过漆,且漆较墨更容易获得,然而漆在中国书法中的运用只是昙花一现,因漆不溶于水,无法在纸上展现墨的韵味。

### (三)哲学思维——书法产生的内外部条件的土壤

汉字隶变与书写工具分别给书法的产生提供了内部与外部条件,那么,这些条件又何以产生并被中国人普遍接受且沿用至今呢?笔者以为,这与中国人特有的哲学思想与思维方式有关,因此,哲学思想与思维方式可谓书法产生的内外部条件的土壤。

中国人有一种不同于西方逻辑思辨思维的诗性思维,即不把事情说得特别清楚,留一分难以言尽的美给对方,因此,古人不善逻辑分析,而善点、悟式的言说;也因此,中国画注重留白,中国诗讲究意境。中国人描摹或描写一种事物,绝不会依样画葫芦,也不会生搬硬造,正如齐白石所说:"太似为媚俗,不似为欺世,妙在似与不似之间。"①汉字的象形即"太似",离书法艺术尚远,而经隶变的笔画化后的汉字,在书法中走上了更高层次的象形。且看卫铄在《笔阵图》中对笔画的描述②:

一,如千里阵云,隐隐然其实有形。　　、,如高峰坠石,磕磕然实如崩也。

丿,陆断犀象。　　　　　　　　乚,百钧弩发。

丨,万岁枯藤。　　　　　　　　乀,崩浪雷奔。

勹,劲弩筋节。

书体也有更高层次的象形,如蔡邕《篆势》这样描写篆书:"或象龟文,或比龙鳞,纤体效尾,长翅短身。颓若黍稷之垂颖,蕴若虫蛇之棼缊。扬波振激,鹰跱鸟震,延颈协翼,势似凌云……"③这种高层次的象形,已不再拘泥于许慎所谓的"画成其物,随体诘诎"了,④它"象"的是动态的、抽象的形,甚至是一种人格化的形。于是,书法便讲究"筋骨"之美,字如其人,是有血有肉的,更被赋予了人的精神品格——"王右军书如谢家子弟,纵复不端正者,爽爽有一种风气。王子敬书如河洛少年,虽皆充悦,而举体沓拖,殊不可耐。羊欣书

① 周积寅、史金城编:《近现代中国画大师谈艺录》,吉林美术出版社1998年版,第111—112页。

② 参见:潘运告编著:《汉魏六朝书画论》,湖南美术出版社1997年版,第95页。

③ 潘运告编著:《汉魏六朝书画论》,湖南美术出版社1997年版,第39页。

④ 潘运告编著:《汉魏六朝书画论》,湖南美术出版社1997年版,第12页

如大家婢为夫人，虽处其位，而举止羞涩，终不似真……"（袁昂《古今书评》）①如果说隶变前的汉字象形似工笔写真，那么隶变后的象形则是泼墨写意了。中国人的工笔画已不同于讲究透视的西洋画，泼墨写意则更将这种诗性思维发挥到极致，因此，汉字从"依类象形"的文字初创走向"道法自然"的书法艺术，可以说是这种诗性思维造就的。

再看书法的书写工具。文房四宝中，直接施于书法作品的笔、墨、纸都是柔性的，然而雄强如颜体与魏碑，正出于柔翰之下，就算是妍美的书风，也要求笔笔有力，入木三分，这正是中国哲学，特别是对艺术影响最大的道家思想所讲究的以柔克刚的生动体现。正因为毛笔富有弹性，才有所谓的用笔与笔势，若控制得法，便能在纸上挥写出粗、细、浓、淡、枯、湿等艺术效果。中国人所造的纸，初期并不适合于书写，发展到各种各样的书法用纸，纸质越来越细腻，吸墨性能越来越好，成熟的宣纸制造工艺能制造出具有不同渗化效果的书法用纸，让水墨交融，展现出更富节奏与韵律感的线条。

其实，文房中当有第五宝——水，因为水得来不费钱，故未被视为"宝"。然唯其有水，笔、墨、纸才能相生相发，产生多姿多彩的墨韵，让人的精、气、神流转其间。尤其是纵情挥洒的狂草，浩浩荡荡，一泻千里，与其说是墨的艺术，倒不如说是水的艺术。而水，正是中国人认为的至柔之物，"天下莫柔弱于水，而攻坚强者莫之能胜，以其无以易之。"（《老子·七十八章》）②

关于文字的起源，各个民族都流传着自己的造字神话。"传说钉头字是命运之神创造，古埃及的圣书字是知识之神创造，印度的婆罗米文是梵天大帝创造，中国的文字则是黄帝的史官仓颉创造。在诸神、梵天大帝的创字说中，均是'神'创造文字，而中国别具一格是'人'创造文字。"③中国书法与印刷体及美术字的区别正在于，书法是活的，有筋有骨，有血有肉，字里行间充盈着人的呼吸——这是一种生生之美。因此，书法是汉字特有的艺术，它书写着中国人的生命之气，书法艺术呈现给世界的，正是一个大写的"人"字。

（本文原载于《浙江树人大学学报（人文社会科学版）》2017年第4期。

作者：芦晓博、杨晓波）

① 转引自：潘运告编著：《汉魏六朝书画论》，湖南美术出版社1997年版，第203页。
② 转引自：辛战军译注：《老子译注》，中华书局2008年版，第296—297页。
③ 姚淦铭：《汉字与书法文化》，广西教育出版社1996年版，第3页。

## 附录4

## 释《续书谱》中的"八法"

姜夔在《续书谱·真书》中称其所谈为真书用笔之"八法",而实际所列只有七法,国内外各家注本均未发现这一矛盾,各家解释也未能对应"八法"。笔者认为姜夔所列七法中"挑"可拆分为永字八法的"策(提)"与"啄(短撇)",这样"八法"便都有了着落。此外,笔者还梳理与分析了姜夔所用的笔法术语,以与永字八法——对应。

### 一、姜夔、《续书谱》与"八法"

姜夔,字尧章,号白石道人,是南宋著名的文学家、音乐家、书法家与书论家。作为书论家,他在中国书论史上有着十分重要的地位。南宋皇室偏安临安一隅,虽书法仍在赵构这位艺术家皇帝的推动下继续发展,但这时期书论衰落,少有书论大家,且这时期的书风也在偏安心理的影响下褪去了北宋的峥嵘,笼罩上了一层复古精神与崇尚魏晋的冲淡闲雅。姜夔,便是南宋时期唯一的书论大家,其所撰《续书谱》可谓南宋书法精神的宣言书。

《续书谱》,实际上并非唐代孙过庭《书谱》之续,姜夔取此名乃出于对其著作的一种自负,他坚信能像孙过庭那样开一代风气。然而,《续书谱》遇到的苛责远胜于《书谱》,后人对其复古思想褒贬不一。笔者不拟对此进行价值判断,只指出一个事实:且不论《续书谱》的思想,其不同于《书谱》的分门别类、细致入微的论说方式,以及重技法与章法的实践精神,确是开一代风气之先的。

《续书谱·真书》论"八法"一节无疑是该书阐释技法的重要部分,然而细读之下,不禁疑窦丛生,因为文中实际上只讨论了七种技法(且所用术语也不同于传统）。而参阅现有注本（包括英语与日语文献），不但未能解惑，还发现各家阐释五花八门，且至今未有人提出姜夔对"八法"的阐释中可能存在的矛盾。那么，姜夔实际讨论的七种技法能否对应永字八法呢？这点是必须肯定的，因为姜夔自称其讨论的乃"八法"。至于它们是如何对应的，这正是笔者要探讨的问题。

## 二、"永字八法"的名目

"八法"指书法的八种基本用笔法则。古人认为，"永"字的书写即包含了这八种笔法，因为"永"字由八个独立的笔画构成，若将其"'外尖'连成一条线，正好围成一个八角形，这是其他字所不易有的结体"[①]，因此该字最适合用来阐释"八法"。

关于永字八法的渊源，一般将其归功于书圣王羲之（见唐·张怀瑾《玉堂禁经》，元·李溥光《雪庵八法·八法解》等记载）。此外，还有南朝智永说（见宋·陈思《书苑菁华》）、唐代张旭说（见宋·朱长文《墨池篇》《张旭传永字八法》）等。

以上文献只提及了永字八法的总名，其具体名目最早见于唐代记载，如颜真卿《八法颂》、李阳冰《翰林经禁》等。后世对永字八法亦多有阐释（见宋·陈思《书苑菁华》、清·包世臣《艺舟双辑》、清·诸宗元《中国书法浅说》等）。永字八法有两套名称，一套为专业名称，即专业习书者对"永"字八种笔法的称呼；另一套为通用名称，即这八种笔法的通俗叫法。图1为永字八法图解及专业与通俗名称。

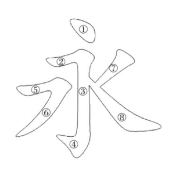

| 序号 | 笔法专业名称 | 笔法通俗名称 |
|---|---|---|
| ① | 侧 | 点 |
| ② | 勒 | 横 |
| ③ | 努/弩 | 竖 |
| ④ | 趯 | 钩 |
| ⑤ | 策 | 提 |
| ⑥ | 掠 | 长撇 |
| ⑦ | 啄 | 短撇 |
| ⑧ | 磔 | 捺 |

**图1　永字八法图解及专业与通俗名称**

---

[①] 周汝昌：《永字八法——书法艺术讲义》，广西师范大学出版社2002年版，第40页。

### 三、《续书谱》的"八法"与"永字八法"

姜夔对真书用笔"八法"的阐释是《续书谱》中十分重要的内容,他还曾以古人之字为例对"八法"进行了图解,原文出自"真书"一则,录于下:

> 真书用笔,自有八法,我尝采古人字,列之为图,今略言其指:点者,字之眉目,全藉顾盼精神,有向有背,随字形异。横直画者,字之骨体,欲其竖正匀净,有起有止,所贵长短合宜,结束坚实。"丿"(音瞥)、"乁"(音拂)者,字之手足,伸缩异度,变化多端,要如鱼翼鸟翅,有翩翩自得之状。挑剔者,字之步履,欲其沉实。晋人挑剔,或带斜拂,或横引向外,至颜、柳始正锋为之,正锋则无飘逸之气。[①]

姜夔自称其所讨论的为"八法",但细数上文所论笔法,实际上只论及"点""横直画"(横画与直画)、"丿""乁""挑""剔"七种(有的注本将"挑""剔"视为一种笔法,这样便只剩六种笔法了)。那么,姜夔为何只阐释了七种笔法?这难道与他自称欲探讨真书用笔之"八法"相矛盾吗?这一谜团历来被人忽略或回避,既没有资料载明此处有文字脱漏,或姜夔本人存在疏忽,也没有注本将这七法与永字八法对应起来。造成这一谜团的主要原因乃姜夔所用术语不同于传统,因此若要对应永字八法,七法中当有一法可分解为两法。各家注本对"点""横直画"的注解较为一致,分别将其对应永字八法的"侧(点)""勒(横)""努(竖)",分歧主要在"丿""乁""挑""剔"这四种笔法,下文将逐一辨析。

#### (一)释"丿""乁"

国内《续书谱》的译注本主要有:邓散木《书法学习必读:续书谱图解》(以下简称邓注本)、冯亦吾《书谱·续书谱解说》(以下简称冯注本)、水采田《宋代书论》(以下简称水注本)、朱友舟《姜夔·续书谱》(以下简称朱注本)、陈硕《书谱·续书谱》(以下简称陈注本)。日本主要的译注本是藤原楚水的《译注书

---

① 姜夔所著《续书谱》因传抄过程中疏漏较多,流传至今的版本不一。笔者所取真书一则中"八法"一段在各版本中未见实质差异。此处引文出自《百川学海》咸淳本。

谱·续书谱之研究》（以下简称藤原译注本）与中田勇次郎编撰的《中国书论大系·第六卷》中收录的由西林昭一译注的《续书谱》（以下简称西林译注本）。英语译注本为美籍华裔书法家张充和与德裔汉学家傅汉斯夫妇的合译本，收录于他俩合著的 Two Chinese Treatises on Calligraphy 一书（以下简称张、傅英译本）。

　　国内外各注本均将"丿""乀"解释为永字八法中的"掠（长撇）"与"磔（捺）"，这里没什么问题，问题是"丿""乀"在《续书谱》中是否还有别名？别名是什么？有的注家将"一波一拂又有三折"（《续书谱·用笔》）中的"拂"解释为"撇"。如水注本认为"拂"即"有拂掠笔势。如'爱'、'着'首画即用此笔势。此画首尾皆起，撇画过处，上斜下平"①。邓注本认为"'捺'谓之'波'，'撇'谓之'拂'，这里所谓'波发'就是'波拂'"②。笔者认为，若将"拂"解释为"撇"会带来两个问题：（1）在"'丿'（音瞥）、'乀'（音拂）者，字之手足"这句话中，"丿"与"乀"构成了重复；（2）在"一波一拂又有三折"这句话中，我们难以理解"拂"（若解释为"撇"）的写法为何有三折（因为"捺"才有三折）。然而，若将"拂"理解为"捺"，以上问题便迎刃而解了，张、傅英译本正是这样解释的。③但这时又出现了一个新问题："一波一拂"不就重复了吗？其实不然，所谓"微直曰磔，横过曰波"④，就是说，"波"是"辶"里面的横捺，或隶书蚕头雁尾的横画，张、傅英译本对"波"的注释为"波浪，一条水平而非竖直的波浪线"⑤。而"捺"（包括"磔"与"拂"）则是"永"字的竖捺。"波发"确实是"波拂"，但不是指"撇捺"，而是指"捺"的两种形态——波为横捺，发或拂为竖捺。不论横捺还是竖捺，书写时都需要三换笔法，正所谓"一波一拂又有三折"。

　　（二）释"挑""剔"

　　张、傅英译本及冯、水、陈三注本均将"挑剔"视为一种笔法。张、傅英译

---

① 水采田译注：《宋代书论》，湖南美术出版社 1999 年版，第 245 页。

② 邓散木：《书法学习必读：续书谱图解》，太平书局出版社 1961 年版，第 17 页。

③ 参见：Chang Ch'ung-ho & Hans H. Frankel: *Two Chinese Treatises on Calligraphy*. New Haven：Yale University Press，1995.

④ 陶明君：《中国书论词典》，湖南美术出版社 2001 年版，第 217 页。

⑤ Chang Ch'ung-ho & Hans H. Frankel. *Two Chinese Treatises on Calligraphy*. New Haven：Yale University Press，p.135.

本视之为"竖弯钩",①水、陈注本将其释为由下而上的笔画,且陈注本将其特指为"提画"。②其他注本将"挑剔"视为两种笔法。

先说"挑"。朱注本未对其进行解释,其余三种注本形成了两套解释:(1)西林译注本认为"挑"即"乚""乚"这两个笔画中的钩画,或用"拨(挑)法"书写的"ノ"(即永字八法的"策");③(2)邓注本将"挑"按方向分为四类并做了图解,分别为向上挑(如"以"字与"冷"字的第二画)、向下挑(如"羊"字第二画、"立"字第四画)、向左挑(如"千"字与"瓜"字的第一画)、向右挑(如"去"字第四画的"ノ"、"好"字第三画)。④藤原译注本完全采纳了邓的观点,并引用了邓的图解。⑤其实,这四类"挑"可进一步归纳为两类,即"向右上挑"与"向左下挑",前者恰对应永字八法的"策(提)",后者恰对应永字八法的"啄(短撇)"。《中国书论词典》中对"挑法"的解释也为我们提供了证据,该词典认为"挑法"即永字八法中"策法"异势之一,包括"横挑"(如"损"字第三画)、"平挑"(如"地"字第三画)与"微挑"(如"仰"字第一画)。⑥"横挑"与"平挑"恰对应邓散木的"向右上挑"("平挑"只是相对较平,但绝非水平),即永字八法的"策(提)";而"微挑"恰对应邓散木的"向左下挑",即永字八法的"啄(短撇)"。这样解释的话,永字八法便都包含在姜夔的七法中了。

接着说"剔"。朱、邓注本与藤原译注本均认为"剔"即"趯",也就是永字八法的"钩"。⑦我们认为这一理解是正确的。而西林译注本不但认为"剔"即"趯",还认为既然"剔"为钩法,因此广义的"剔"也包含永字八法的"啄"(如"疋"字第一画,或"皮"字第二画)。⑧西林的这一引申值得商榷,首先,他将

---

① Chang Ch'ung-ho & Hans H. Frankel. *Two Chinese Treatises on Calligraphy*. New Haven: Yale University Press, p.135.

② 参见:水采田译注:《宋代书论》,湖南美术出版社1999年版,第237页;陈硕:《书谱·续书谱》,浙江人民美术出版社2012年版,第108页。

③ 姜夔:《続書譜》,西林昭一訳注,載田中勇次郎主編,《中国書論大系(卷六)》,二玄社1979年版,第323页。

④ 参见:邓散木:《书法学习必读:续书谱图解》,太平书局出版社1961年版,第29—31页。

⑤ 参见:藤原楚水:《訳注書譜·続書譜の研究》,省心書房1973年版,第473页。

⑥ 参见:陶明君:《中国书论词典》,湖南美术出版社2001年版,第234页。

⑦ 参见:朱友舟注评:《姜夔·续书谱》,江苏美术出版社2008年版,第68页;邓散木:《书法学习必读:续书谱图解》,太平书局出版社1961年版,第29—31页;藤原楚水:《訳注書譜·続書譜の研究》,省心書房1973年版,第473页。

⑧ 日本汉字笔画顺序与中文汉字笔画顺序略有不同。姜夔:《続書譜》,西林昭一訳注,載田中勇次郎主編,《中国書論大系(卷六)》,二玄社1979年版,第323页。

"挑"与"剔"都解释为钩法,这就彼此矛盾了;其次,他还将"剔"解释为"啄",这样一来,姜夔所述七法仍然不能对应永字八法。

综上所述,姜夔《续书谱》"七法"中的"挑"可分解为永字八法的"策(提)"与"啄(短撇)",这样便证明了姜夔自称论真书用笔之"八法"并非矛盾。表1为《续书谱》中七法与永字八法的对照。

表1 《续书谱》中七法与永字八法对照

| 《续书谱》七法 | 点 | 横画 | 直画 | 丿 | ㇏ | 挑 | | 剔 |
|---|---|---|---|---|---|---|---|---|
| 永字八法 | 侧(点) | 勒(横) | 弩(竖) | 掠(长撇) | 磔(捺) | 策(提) | 啄(短撇) | 趯(钩) |

（本文原载于《中国书法》2018年第24期。作者：芦晓博、杨晓波）

# 索　引

# 后 记

本书的撰写是由我发起的,但在后来的研究过程中芦晓博老师做了更多的工作,因此由她来写前言,我来写后记,算是善始善终。

最初萌发撰写本书的动机是在10年前,那时我正在华东师范大学对外汉语学院攻读博士学位,导师潘文国教授正在编写一套名为"中华元典阅读"的对外汉语教材,邀请了包括我在内的几位博士生翻译其中的典籍。由于我对书法有着浓厚的兴趣,在理论与实践上均有一定的基础,因此导师让我翻译其中的几篇书论。很遗憾,这套书的编写最终不知什么原因被搁置了。虽然书未出版,但参与此项工作让我受益良多,最大的收获有三点:

第一,导师本人学养深厚,中英文功底扎实,因此他十分强调"元典"的阅读。"元典"之"元",意为源头与根本。强调"元典",即强调追本溯源,独立思考,不人云亦云。这是导师本人身体力行的治学精神,对包括我在内的所有学生都产生了极大影响。

第二,从当年"中华元典阅读"这套书的目录来看,内容十分广泛,不仅包括诸子百家,还包括文论、书论、画论、小学、园林等众多领域的典籍,这正反映了中国文化的博大精深。导师时常向我们强调小学的重要性,认为它是通晓中国典籍的基础。《说文解字叙》是小学的重要元典,但目前市面上却难以找到一部注释与解读该文本的著作,于是我便决心完成这项工作。

第三,我对书法有着浓厚的兴趣,因此导师将翻译书论的任务交付给了我,我也由此萌生了一个念头,决心系统译介中国古代书论。中国自古诗、书、画一家,因此诗论、书论、画论乃触类旁通的一个整体,然而对后两者的译介却寥寥无几。

大约 4 年前，我开始动笔撰写本书。原本打算写成通识读物，取名为《说解〈说文解字叙〉》，旨在通过对该文本的注解与阐释，让读者对汉字的起源、发展与构造有个基本的了解。此外，为使西方读者了解汉字，我也附上了英译。最先完成的是对《说文解字叙》的注释、解说与今译，接着我修订了博士期间完成的英译。在这之前我又通读了几遍特恩的英译本，觉得有待改进之处甚多，尤其是"六书"与字体名称的翻译，因此撰写了《论〈说文解字叙〉中的术语英译——以 K. L. Thern 的评注式译本为例》一文（发表于《中国翻译》2015 年第 3 期），在本书中我又进一步对该文提出的译法进行了修订。之后，我因转变了学术兴趣，加之遇上了工作最为繁忙的几年，于是无暇顾及此书的写作。

一次偶然的机会，我与芦晓博谈起这部半途而废的书稿，希望由她继续完成，她表现出极大的兴趣。她的专业是日语，众所周知，日本文字脱胎于汉字，日本对汉字与书法向来有着浓厚的兴趣，《说文解字叙》也早就有了多个日译本，因此她进行了大量的《说文解字叙》的日译研究，并对之进行了重译，还添加了大量日语注释。本书中，我完成的部分包括对《说文解字叙》的中文概说、注释、今译与解说，以及对全文与术语表的英译。在进行这些工作时我主要参考了向夏编写的《说文解字叙讲疏》（台湾书林出版有限公司 1993 年出版）、郦承铨编写的《说文解字叙讲疏》（商务印书馆 1935 年出版）、潘运告注的《说文解字序》（收录于潘运告编著的《汉魏六朝书画论》，湖南美术出版社 1997 年出版）、特恩所著的 *Postface of Shuo-wen Chieh-tzu*: *The First Comprehensive Chinese Dictionary* 一书（威斯康星大学东方语言与文学系 1966 年出版）以及孙雍长所著的《转注论：汉字孳乳之大法》（语文出版社 2010 年出版）。这些学者的研究为我提供了大量信息，也给了我不少启发，尽管我也提出了许多不同的看法。

本书其余部分均由芦晓博老师完成。整个过程中我们经常在一起讨论，并以此书初稿为讲义合作教授"中日语言对比"这门硕士研究生课程。芦晓博是我的同事、挚友，也是我多年的学术伙伴，我们几乎每天都会交流自己的读书心得与学术进展，我们也合作发表过不少论文。彼此的信任与默契，使得此次合作也同样顺利和愉快。

杨晓波

2020 年 3 月 30 日于杭州

**图书在版编目(CIP)数据**

中国古代典籍日译研究：以《说文解字叙》的"深度翻译"为例 / 芦晓博,杨晓波著. —杭州：浙江大学出版社,2020.10

ISBN 978-7-308-20700-3

Ⅰ.①中… Ⅱ.①芦… ②杨… Ⅲ.①古籍—日语—翻译—研究—中国 Ⅳ.①H365.9

中国版本图书馆 CIP 数据核字(2020)第204470号

**中国古代典籍日译研究：**

以《说文解字叙》的"深度翻译"为例

芦晓博　杨晓波　著

| | | |
|---|---|---|
| **责任编辑** | 张颖琪 | |
| **责任校对** | 陆雅娟 | |
| **封面设计** | 项梦怡 | |
| **出版发行** | 浙江大学出版社 | |
| | （杭州市天目山路148号　邮政编码310007） | |
| | （网址：http://www.zjupress.com） | |
| **排　　版** | 杭州朝曦图文设计有限公司 | |
| **印　　刷** | 广东虎彩云印刷有限公司绍兴分公司 | |
| **开　　本** | 710mm×1000mm　1/16 | |
| **印　　张** | 12 | |
| **字　　数** | 257千 | |
| **版 印 次** | 2020年10月第1版　2020年10月第1次印刷 | |
| **书　　号** | ISBN 978-7-308-20700-3 | |
| **定　　价** | 48.00元 | |